전에는… 이제는…

참회의 기도

전에는… 이제는…
참회의 기도

2021년 12월 23일 처음 펴냄

지은이 | 김종수
펴낸이 | 김영호
펴낸곳 | 도서출판 동연
등 록 | 제1-1383호(1992. 6. 12)
주 소 | 서울시 마포구 월드컵로 163-3
전 화 | (02)335-2630
전 송 | (02)335-2640
이메일 | yh4321@gmail.com

ISBN 978-89-6447-750-2 03230

전에는…
이제는…

김종수 지음

— 참회의 기도 —

동연

머리말

> 여러분이 전에는 자기 지체를 더러움과 불법의 종으로 내맡겨서 불법에 빠져 있었지만, 이제는 여러분의 지체를 의의 종으로 바쳐서 거룩함에 이르도록 하십시오(로마서 6:19).

'전에는'과 '이제는' 사이에 참회가 있었습니다. "전에는 우리가 육신의 잣대로 그리스도를 알았지만, 이제는 그렇지 않습니다"(고후 5:16). "여러분이 전에는 하나님에게서 멀리 떨어져 있었는데, 이제는 그리스도 예수 안에서 그분의 피로 하나님께 가까워졌습니다"(엡 2:13). 바울만이 아닙니다. 베드로도 그렇습니다. "여러분이 전에는 하나님의 백성이 아니었으나, 지금은 하나님의 백성이요, 전에는 자비를 입지 못한 사람이었으나, 지금은 자비를 입은 사람입니다"(벧전 2:10).

사도 바울은 사도행전 26장에서 아그립바 왕 앞에서 재판을 받습니다. 그런데 그 재판 중에 바울은 "여러분은 어찌하여, 하나님께서 죽은 사람들을 살리신다는 것을 믿을 수 없는 일로 여기십니까?"(행 26:9)라고 따지며 묻습니다. 이 재판은 부활을 전하는 바울이 고발된 재판입니다. 여기서 바울은 자신의 지난 이야기를 합니다. 그 지난 이야기는 자신의 회심 사건입니다. 그는 부활을 증거하면서 왜 자신의 이야기를 하고 있는 것일까요? 그는 '전에는' 자신이 어떻게 살았는가를 말합니다. 전에는 나사렛 예수의 이름을 반대하는 데에 할 수 있는 온갖 일을 다한 사람이었다고 고백합니다(9절). 그리고 예수 그리스도를 믿고 따르는 성도들을 옥에 가두었고, 또 그들이 죽임을 당하는 데에 찬동했다고 합니다(10절). 단지 유대 땅에서뿐만 아니라 외국 여러 도시에 가서까지 박해했다고 말합니다(11절).

그러나 부활하신 주님을 만나 회심하게 됩니다. "자 일어나서, 발을 딛고 서라"(16절)는 주님의 음성을 듣습니다. '일어나다'(아니스테미)는 부활 용어입니다. 예수가 바울 안에서 부활한 것입니다. 그리고 방향 전환이 일어납니다. 주님은 그를 일으켜(부활시켜) "너를 일꾼 삼아서, 네가 나를 본 것과 내가 장차 네게 보여 줄 일의 증인이 되게 하려는 것이다"라고 말씀하십니다. '이제는' 이방의 사도로 방향 전환이 이루어진 것입니다. 그래서 다른 이들을 자신과 같이 변화시킵니다. "전에는 여러분이 하나님을 알지 못해서, 본디 하나님이 아닌 것들에게 종노릇을 하였지만, 지금은, 여러분이 하나님을 알 뿐만 아니라, 하나님께서 여러분을 알아 주셨습니다"(갈 4:8-9). 부활은 참회에서 시작되었음을 말해 줍니다.

'전에는'에서 '이제는'으로 가는 우리 산돌교회 예배 안의 작고 진솔한 고백입니다. 이제는 이렇게 가기를 바라는 나 자신과 우리 교회 그리고 이 나라 역사 속에 그리스도교의 참회입니다. 기독교가 아니라 개독교가 되어가는 부끄러움을 숨기지 않으려고 했습니다. '이제는'이라는 답을 위해 '지금은'의 참회를 고백합니다. 이 원고는 지난 2015년부터 2020년 주일예배의 참회의 기도를 담은 것입니다.

벌써 목포산돌교회에서 10년을 교우들과 함께 삶을 나누며 살았습니다. 목회의 교과서는 성서와 인간입니다. 거기에 비춰진 우리의 모습을, 나의 모습을 있는 그대로 담으려고 했습니다. "아, 나는 비참한 사람입니다"(롬 7:24)라는 고백을 조금이나마 공감하게 되었습니다. 이 책을 내면서 함께 살아온 목포산돌교회 교우들과 선후배 목회자들에게 감사를 드립니다. 특히 이 책의 원고를 마음을 담아 꼼꼼히 살핀 동역자 김경희 목사님께 감사를 드립니다. 그리고 출판에 힘써 주신 동연 김영호 장로님께도 감사를 드립니다. 또한 『하늘 샘물 흐르는 곳에』에 이어 책표지를 디자인한 강진 집사와 오랜 마음을 나누어 감사합니다. 무엇보다도 이 책을 내며 앞서간 이영재 목사님의 도움을 잊을 수 없습니다. 이젠 이런 동료들이 가는 것이 두렵고 외로움이 더해 갑니다. 무엇보다도 글쓰기에 엄밀성과 성서적 상상력을 늘 조언해 주신 나의 선배이자 스승인 강일상 목사님께 감사를 드립니다. 이 책을 내며 다시 한번 이름 없이 저를 격려해 주신 너무나 소중한 분들에게 고마움을 전합니다. 주님이 받으시고 용서해 주시는 참회가 되기를 기도합니다.

2021년 12월 1일 아침에
김종수

차례

지난 죄에
덜미를 잡히지 않게

| 2015년도 |

호세아 11:8-11, 고린도전서 13:1-13

• • •

주님께서 사자처럼 부르짖으신다. 이스라엘 사람들이 주님의 뒤를 따라 진군 한다. 주님께서 친히 소리 치실 때에, 그의 아들딸들이 서쪽에서 날개 치며 빨리 날아올 것이다(호 11:10).

묵은해를 뒤로하고 새해의 첫 출발선을 허락하신 아버지 하나님, 지나간 우리의 죄가 우리의 앞길을 가로막지 않게 하옵소서. 과거의 죄에 덜미가 잡혀 출발선에도 설 수 없는 우리가 되지 않게 하옵시고, 우리의 죄에도 불구하고 우리를 새 시간, 새 사람 안으로 이끄시는 주님의 부름에 응답하게 하옵소서.

주님, 2015년 이 을미년 새해의 출발이 불안한 우리나라입니다. 우리 경제가 위태롭습니다. 그러나 원인을 분명하게 볼 수 있게 하여 주옵소서. 경제 추락의 원인이 오히려 경제 제일주의에 있음을 보게 하옵소서. 종교, 환경, 교육, 복지 그 모두가 경제의 논리에 묶여 있습니다. 살리는 생명의 논리는 찾아볼 길이 없습니다. 주님, 잘 사는 것보다도 바르게 사는 것을 배우는 이 백성이 되게 하옵소서.

주님, 살리는 일은 사랑입니다. 가장 결정적인 해결이 사랑이면서도 사랑이 실제로는 무척이나 낯섭니다. 우린 아직 자기중심적인 어린아이의 사랑에 머물러 있습니다. 모든 것이 주님의 것이라 하면서도 실은 자기 것이었고, 모든 것이 주님의 은혜라 하면서도 자기 능력이었습니다. 신앙조차 자기가 만들고 자기가 세운 것이었습니다.

수님, 용서를 구합니다. 주님의 사랑, 야훼의 사랑을 깨닫고 행하게 하옵소서. 가진 것이 아니라 받은 것임을 아는 은총의 사랑을 깨닫고 행하게 하옵소서. 새해를 새해답게 하시는 주님의 은혜 안에서 사랑의 사람으로 살게 하옵소서.

2015. 1. 11.(주현절 첫째 주일)

마태복음 5:1-12

• • •

의에 주리고 목마른 사람은 복이 있다. 그들이 배부를 것이다(6절).

주님, 2,000년 전의 주님은 오늘날과 같은 주님이 아니었습니다. 우리가 지금 마음을 다하여 예배하는 주님은 그때 극악무도한 범법자였습니다. 그리고 십자가 처형을 당했습니다. 신성 모독죄, 황제 반역이 죄목이었습니다. 많은 이들이 주님이 그의 죄로 처형당했다고 여겼습니다. 당시의 율법과 로마법은 의였고 주님은 불의였습니다. 여기서 교회는 시작되었습니다. 주님을 죽인 이들의 의가 불의로 폭로되고, 죽임을 당한 주님의 불의는 의로 부활했습니다.

이 의와 불의의 전도는 오늘도 계속되고 있습니다. 불의한 권력에 희생당한 사람들, 가진 것이 없어 무전유죄의 형벌을 받은 사람들, 오늘 이 사회는 이 의와 불의의 전도로 혼란스럽습니다. 가진 것, 높은 것만이 정의인 이 시대입니다. 이 새해 을미년임에도 여전히 을은 불의이고, 갑은 정의입니다. 너도나도 갑이 되고자 피 터지는 싸움을 벌입니다. 크건 작건 우리의 오만과 편견이 우리 각자의 의이기도 합니다. 그 의로 얼마나 많은 이들을 불의로 몰고 가 상처를 주었는지 모릅니다.

주님, 우리는 오늘 내 이런 의를 십자가에 못 박고 하늘의 의를 취하고자 나왔습니다. 주님, 내 이익을 위해 스스로 의롭다 여긴 내 불의를 보게 하옵소서. 오늘도 주님은 죽임을 당하고 있습니다. 내 손에 피가 묻어 있습니다. 우리가 애써 외면한 의가 있습니다. 우리가 암묵석으로 동의한 불의가 있습니다. 주님, 지금노 주님을 죽이고 있는 우리를 용서하여 주옵소서.

요한복음 4:5-24

• • •

그 여자가 말하였다. "선생님, 그 물을 나에게 주셔서, 내가 목마르지도 않고,
또 물을 길으러 여기까지 나오지도 않게 해주십시오"(15절).

주님, 겨울 추위에 움츠리듯 차디찬 삶에 쉽게 주저앉는 나약한
우리 자신입니다. 그렇기에 누군가의 따스한 사랑을 찾아 헤맸던
우리 인생입니다. 뭔가 밖에 육안으로 보이는 그 무엇이 나를 지켜
줄 것이라고 생각했습니다. 물질에서 그리고 나와 가까이에 있는
사람들에게 그 사랑을 기대했습니다. 그러나 살면서 실망합니다.
기대할수록 그만큼 실망이 컸습니다. 알고 보니 정작 실망스러운
것은 나 자신이었습니다. 그럼에도 부모를 원망했고, 남편과 아내
를 탓했고, 자식에게 실망했고, 때론 함께 삶을 나누며 살아온 이웃
들, 친구들, 교우들마저 원망했습니다. 그리고 물질로 인해 늘 비교
하며 온갖 불평으로 세상을 탓했습니다.

오늘, 이런 나를 보기 위해 하나님의 거울 앞에 섰습니다. 비뚤
어진 제 인생의 옷매무새를 봅니다. 사랑이니 미움이니 하는 모든
것들이 남이 아닌 제 속에서 시작된 것임을 봅니다. 마음으로 말하
지 못했고 마음으로 듣지 못했습니다. 정작 메마른 것은 남이 아니
라 내 안의 척박한 인간성이었습니다. 오늘 주님이 나에게 다가와

내 삶의 우물가에서 물 한 잔을 달라고 하시면 내 우물에 퍼낼 물이 없습니다. 온갖 이기심과 탐욕, 시기, 질투, 원망과 불평, 방탕이 내 영혼의 샘물을 마를 대로 마르게 했습니다.

주님, 오늘 메마른 내 영혼의 샘물의 근원을 열어 주옵소서. 세 상살이 버거워 마를 대로 마른 제 영혼을 오늘 말씀으로 적셔 주옵 소서. 주님이 내게 주신 너무나 소중한 이들을 다시 보는 영과 진리 의 눈을 열어 주시어 다시 삶을 찬미하게 하옵소서.

2015. 2. 1.(주현절 넷째 주일, 해외선교주일)

창세기 26:12-33

• • •

이삭이 그 땅에서 농사를 지어서, 그 해에 백 배의 수확을 거두어들였다. 주님
께서 그에게 복을 주셨기 때문이다(12절).

주님, 밟힌 겨울 보리에서 신음소리가 들려옵니다. 그러나 좌절
의 소리가 아닙니다. 4월 보릿고개를 이기게 해 주는 생명의 몸부
림입니다. 매화는 겨울 추위를 겪어야 향기를 만발한다고 합니다.
그러나 나약한 우리는 작은 고난에도 헉헉대고 이내 주저앉고 맙니
다. 그저 즉흥적인 편리와 실리를 좇고 안일함에 쉽게 젖어 갑니다.
이것이 운명이고 팔자라고 여기며 거기에 익숙해집니다. 그렇기에
값지고 소중한 것을 생각할 겨를이 없습니다. 소중한 것은 그만한
값을 요구합니다. 이것이 인생의 가치임에도 그저 안일한 값싼 인
생에 급급합니다. 어떤 일을 해도 그것이 옳은 일인가를 묻기보다
는 편하고 쉽고 값싸게 많은 것을 얻을 수 있는 것만을 생각해왔습
니다.

주님, 오늘 우리는 십자가 앞에서 예배를 드립니다. 그러나 봄,
그 생명의 약동은 차디찬 겨울 얼음장 밑에서부터 시작한다는 것을
보지 못합니다. 육안으로 보이는 눈 덮인 산야에 묻혀 마음마저 얼
어 갑니다. 그렇게 해서 사라진 우리의 꿈이 얼마나 많은지 모릅니

다. 하나님이 꿈의 농사를 겨울 보리 밟듯 고난을 통해 우리 안에 지으시건만 우리는 외면합니다.

주님, 이 시간 농사꾼이신 주님의 손길을 기다립니다. 삶의 현실에 수저앉은 우리를 일으켜 주옵소서. 고난이 심판이 아니라 영광을 위한 주님의 손길임을 깨닫고 절망, 체념의 죄를 용서하여 주옵소서.

2015. 2. 22.(사순절 첫째 주일)

시편 118:10-25, 마태복음 21:42-44, 베드로전서 2:1-10

•••

여러분이 전에는 하나님의 백성이 아니었으나, 지금은 하나님의 백성이요, 전에는 자비를 입지 못한 사람이었으나, 지금은 자비를 입은 사람입니다 (벧전 2:10).

주님, 다음 주일이면 우리 교회도 13살이 됩니다. 아직 어립니다만 세 살 버릇이 여든 갑니다. 결코 적은 나이가 아닙니다. 올해 우리 교단의 주제는 '하나님과 세상 앞에 참회하는 교회'입니다. 부끄러운 주제입니다. 세상 앞에서조차 떳떳하지 못한 교회입니다. 주님, 다른 교회에 앞서 우리 교회는 과연 세상에 대하여 떳떳한가를 묻게 하옵소서. 하나님의 수요보다는 혹 사람의 수요에 발 빠르지는 않은지, 하나님의 뜻보다는 사람의 주장에 더 가깝지는 않은지 스스로를 성찰하는 교회가 되게 하옵소서. 무엇보다도 교회의 지체는 나 자신임을 알게 하옵소서. 사실 내가 교회입니다. 내가 거룩하면 교회도 거룩합니다. 내가 속물이면 교회도 속물입니다. 주시옵소서라는 탐욕의 내 기도가 어느새 탐욕의 교회로 만들었습니다. 주님, 주님의 몸 된 교회의 지체인 나 자신을 살피게 하옵소서. 세상 한복판에 살고 있지만, 죄에 오염된 모습으로 세상 앞에서조차 부끄러운 내 모습이 곧 교회의 모습임을 알게 하옵소서.

주님, 기도하지 않는 잠깐 사이 내 영혼은 더럽혀집니다. 찬양하지 않은 잠깐 사이 내 마음은 어두워집니다. 그리고 교회도 함께 더럽혀지고 어두워집니다. 주님 바라오니, 거룩한 경계를 한시라도 늦추지 않게 하옵소서. 언제나 말씀과 기도의 신령한 쇠을 입에 물게 하옵소서. 그래야 비로소 산돌교회가 살아 있는 신령한 돌로 세워진다는 것을 잊지 않게 하옵소서.

2015. 3. 22.(사순절 다섯째 주일)

마가복음 1:9-11

• • •

그 무렵에 예수께서 갈릴리 나사렛으로부터 오셔서, 요단강에서 요한에게 세
례를 받으셨다(9절).

주님, 내 안에 내가 너무 많습니다. 그 많은 나도 진정한 내가
아닙니다. 길을 헤매고 있습니다. 불안함의 내적 요인은 자기 자신
에게 믿음이 없는 것이고, 외적 요인은 다른 사람에게 믿음이 없는
것입니다. 아무리 좋은 이야기도 받아들이지 못하고, 아무리 부르
짖어도 어떤 공감도 없는 세상입니다. 부당한 해고에 26명의 사람
이 죽고, 그 아픔을 외면한 세상에 대고 마지막으로 호소하기 위해
굴뚝에 올라가도 세상은 조용합니다. 아이의 어처구니없는 죽음의
원인이라도 알자며 세월호의 한 아버지가 500km 길을 삼보일배해
도 그 아픔이 자기 아이 감기만도 못합니다. 느낌이 없는 나입니다.
나를 잃었습니다. 내 안의 참을 찾지 않습니다. 나의 소유로 나를
보고, 나의 지위로 나를 보고, 나의 배경으로 나를 보고, 나의 외모
로 나를 보는 데 익숙해졌습니다. 당연히 남도 그렇게 봅니다.

수조실종隨照失宗, 껍데기를 따르면 중심을 잃건만, 중심을 잃으면
진지함도 고요함도 함께 사라지건만 그것이 정상이라고 착각합니
다. 그런데도 나를 찾으려고도 하지 않습니다. 그러나 하나님은 '나

는 나다'라고 말씀하셨습니다. 그러나 하나님께서 "내가 거룩하니 너희도 거룩하라" 하신 거룩한 참 나는 세상살이에 귀찮고 성가실 뿐입니다. 우리는 속물, 나를 원합니다. 주님, 이 더러움을 씻고자 이 자리에 왔사오니, 우리를 당신의 거룩한 영으로 씻어 주옵소서.

요한복음 12:9-19

• • •

> 종려나무 가지를 꺾어 들고, 그분을 맞으러 나가서 "호산나! 주님의 이름으로 오시는 이에게 복이 있기를! 이스라엘의 왕에게 복이 있기를!" 하고 외쳤다 (13절).

휘황찬란한 갑옷과 투구, 피 묻은 섬뜩한 칼, 보무도 당당한 로마의 기마병과 보병의 대열이 있습니다. 그런데 여기 그것과는 아주 대조적인 한 행렬이 있습니다. 말이 아니라 나귀를 타고 흔들흔들, 느릿느릿 예루살렘으로 향하는 예수님의 행렬입니다. 종려 주일, 우리는 주님의 행렬에서 환호합니다. 그러나 마음은 로마 군대의 대열에 있습니다. 주님에게서 힘의 메시아를 보았기 때문입니다. 잘 먹고 잘살게 해 주는 힘, 더 높이 더 많이 지위와 소유의 구원을 걸어야 했던 내 모습입니다. 단 한 교인도 행복하게 할 수 없으면서도 구름처럼 교인이 몰려오게 해달라고 기도하는 삯군 목사인 제 모습이기도 합니다.

우리의 호산나에 주님은 외롭습니다. 우리가 가고자 하는 길과 주님이 가는 길이 너무나 다르기 때문입니다. 우리는 서로 엇갈린 길을 갑니다. 군중 속의 고독한 청년 예수가 불쌍해 보입니다. 그러나 주님은 오히려 우리를 위해 우십니다. 그리고 아파하십니다.

오늘 아침, 후배가 보첼리의 성탄 음악을 보내왔습니다. 부활절을 앞두고 듣는 성탄 음악입니다. 주님, 매해 맞이하는 종려주일이지만 이번에는 속된 나를 죽여 거룩한 참 나로 부활하는 성탄을 이루세 하옵소서. 주님, 4월의 크리스마스, 죽어 다시 사는 부활의 참회가 되게 하옵소서.

2015. 4. 12.(부활절 둘째 주일, 씨뿌림주일)

요한복음 12:9-11

• • •

그것은 나사로 때문에 많은 유대 사람이 떨어져 나가서, 예수를 믿었기 때문이다(11절).

주님의 부활을 보았지만, 베드로는 아무 일도 일어나지 않았다는 듯이 원래의 생업인 어부로 돌아갑니다. 다람쥐 쳇바퀴 같은 삶의 현장인, 파도가 치는 삶의 바다로 다시 돌아갑니다. 그 밤에 배를 타고 바다로 나갔지만, 밤새 한 마리의 고기도 잡지 못했습니다. 여전히 삶은 척박하고 메말랐습니다. 예수님의 부활도 그에게 힘이 되지 못했습니다. 우리 역시 베드로와 다르지 않습니다. 그저 부활절이라고 성찬식과 세례식을 했고 부활절 계란을 먹었을 뿐입니다. 더 이상 생명이 잉태되는 달걀은 아니었습니다. 그리고 우리도 부활절 예배를 드리고 우리의 생업으로 돌아갈 뿐입니다. 그것은 단지 예수님만의 부활이었습니다. 우리는 그분의 부활을 축하하고 축의금만 냈을 뿐입니다. 나 자신의 부활은 아니었습니다. 예수님은 여전히 내 삶 밖에 있었습니다. 예수님은 그저 교회에만 갇혀 있었습니다. 내 삶의 현실은 여전히 빈 그물입니다.

주님은 조용히 베드로의 삶의 터전인 바닷가로 들어서십니다. 그리고 말씀하십니다. "그물을 배 오른쪽에 던져라." 맞습니다. 옳은 쪽입니다. 그른 쪽이 아니라 옳은 쪽입니다. 거기에 고기가 가득 했습니다. 주님, 여전히 옳은 쪽이 아니라 그른 쪽에 있는 부활 되지 않은 저를 성찰합니다. 일상에 매몰되어 주님 없는 빈 그물의 내 인생을 주님께 내어 놓사오니, 우리를 불쌍히 여겨 주옵소서.

2015. 4. 19.(부활절 셋째 주일, 장애인주일, 4.19혁명기념주일)
요한복음 4:20-24

• • •

너희는 너희가 알지 못하는 것을 예배하고, 우리는 우리가 아는 분을 예배한다. 구원은 유대 사람에게서 나기 때문이다(22절).

우리의 믿음이 살아있지 않습니다. 세상의 어두운 힘에 여지없이 무너집니다. 불의한 권력, 부정한 재물조차 부러워 보입니다. 그것이 거짓임에도 참처럼 힘을 발휘합니다. 주님은 십자가에서 죽으셨지만, 돈과 권력은 죽지 않는 듯이 보입니다. 속내를 드러내라고 하면 우리는 주님이 바라는 부활을 원하지 않습니다. 우리의 부활은 소유와 지위입니다. 나 자신의 부활은 없습니다. 불의한 권력, 천박한 자본이라고 아무리 들어도 우리는 불의와 천박도 감수하려고 합니다.

주님, 이런 우리에게 가난한 형제, 억울한 이웃은 귀찮은 존재입니다. 내 것을 챙기느라 그들의 부르짖음에 귀 기울일 여유가 없습니다. 우리는 해준 것도 없이 피곤합니다. 그렇기에 각각 자기 십자가를 지라는 주님 말씀은 우리가 바라는 것이 아닙니다. 주님, 이것이 척박할 대로 척박해지고 메마를 대로 메마른 제 모습, 우리 모습입니다. 하나님의 영은 사라지고 하나님의 진리는 애써 외면합니다. 다시 무거운 이 땅의 4월을 지나갑니다. 4.19에 4.16이 더 추가 됩니다.

주님, 이 땅의 민주주의를 위해, 이 땅이 안전한 나라가 되기 위해 얼마나 많은 이들이 희생되었는지 주님은 알고 계십니다. 여기에 부심한 우리의 죄를 알고 있습니다. 그렇기에 이 시간 주님께 간구합니다. 우리의 죄를 씻는 참회를 통해 하나님의 의로 부활하는 은총을 주옵소서.

2015. 4. 26.(부활절 넷째 주일)

사무엘하 6:1-23

• • •

그 날 다윗은 이 일 때문에 주님이 무서워서 "이래서야 내가 어떻게 주님의 궤를 내가 있는 곳으로 옮길 수 있겠는가?" 하였다(9절).

네팔의 강진으로 1,500명의 생명이 불과 몇 분 사이에 사라졌습니다. 4,500명의 사망을 예측합니다. 이 재앙 앞에 속수무책입니다. 하나님, 오늘은 이곳에 가시옵소서. 이들을 외면하지 마옵소서. 주님, 위로할 말이 없습니다. 하늘도 무심한 이 재앙 앞에 선 이들에게 이것을 어떻게 설명하시겠습니까? 죄는 우리가 짓고 벌은 그들이 받는 것 같습니다. 또 우리 하나님을 믿지 않기에 일어난 심판이라고 말하게 하겠습니까? 주님, 우리 삶도 사실 크게 다르지 않습니다. 착하고 어진 백성들의 부르짖음이 아벨의 피처럼 끓고 있습니다. 바다에서, 공중에서, 광장에서 그 절규가 들려옵니다. 그런데도 들어줄 이가 그리 많지 않고 꼭 들어야 할 이들이 귀를 막습니다. 주님, 이대로 주저앉게 할 수 없습니다. 우리의 양심의 귀를 열어 주옵소서. 우리의 닫힌 입을 벌리게 하옵소서.

다시 이들이 재앙의 잿더미에서 재를 털고 일어서 희망의 춤사위를 벌이게 하옵소서. 삶의 피투성이 십자가 위에서 부활의 춤을 추게 하옵소서. 온 사람들이 더불어 함께 하나님 앞에서 흥겨운 춤을 추는 세상을 이루기 위해 오늘 지금, 이 자리에서 자기중심에 익숙해 있는 나를 들어 참회의 고백을 드리게 하옵소서.

마가복음 5:21-43

• • •

그리고 아이의 손을 잡으시고 말씀하셨다. "달리다굼!" (이는 번역하면 "소녀야, 내가 네게 말한다. 일어나거라" 하는 말이다)(41절).

이혼율 1위

자살률 1위

국적 포기율 압도적 1위

상하 소득격차율 1위

과잉 병원치료나 입원율 1위

저출산율 1위

해외입양률 1위.

그리고 하루 28명의 아기가 버려집니다.

부끄러운 우리의 자화상입니다. 그리고 이런 나라를 우리 아이들에게 물려주어야 하는 현실입니다. 놀이터에 노는 어린이가 없습니다. 그 시간에 모두 학원에 가 있습니다. 학원을 몇 개씩 가지 않으면 불안한 우리 부모입니다. 경쟁에 침몰당하고 있는 우리 아이들입니다. 그러나 모두가 아이를 위해서라고 합니다. 아이는 죽어 갑니다. 그러나 우리는 죽인다고 생각하지 않습니다. 그만큼 영혼에 무뎌져 있습니다.

주님, 우리 교육이 죽어가고 있습니다. 살림의 교육이 사라지고 있습니다. 이제 그만 죽게 하지 마십시오. 이제는 우리 아이들을 위해 제 가슴을 지며 봉곡해야 할 때입니다. 주님, 우리를 불쌍히 여겨 주옵소서. 오늘 하나님이 보시는 참회의 법정에 나를 존속 살인죄로, 아동 학대죄로 고발합니다. 오늘 우리 양심이 심판받습니다. 그 양심이 뼈아프게 작동하게 하옵소서.

2015. 5. 31.(성령강림 후 첫째 주일)

마가복음 4:35-41

•••

예수께서 그들에게 말씀하셨다. "왜들 무서워하느냐? 아직도 믿음이 없느냐?"(40절).

"외로우니까 사람이다"(정호승의 <수선화에게>에서)라는 시인의 말이 참 위로가 됩니다. 가끔은 하나님도 외로워서 눈물을 흘린다고 합니다. 삶이 외로움입니다. 의존하고 싶어 합니다. 기대고 싶어 합니다. 내 밖에 거대한 그 무엇에 조건 없이 맡기고 싶어 합니다. 그러나 그것은 사실 허상입니다. 내 밖에 있어 의존하고 싶은 것들은 모두 우상입니다. 만들어진 신입니다. 주님, 그런데도 비빌 언덕이 없어, 주여 삼창하자며 부르짖습니다. 한참 부르짖다 보면 뭔가 후련하기도 하고 가볍기도 합니다. 성령 받았다고 말합니다. 성령은 거룩한 마음인데 그 마음은 하루를 못 갑니다. 또 다른 갈증이 찾아옵니다. 그리고 더 강도 높은 해갈을 요구합니다. 만들어진 신 앞에 초라하게 구걸하는 자신을 보지 못합니다. 아니 나는 없습니다. 자아 상실입니다. 나아가 탐욕의 감옥에 갇혀 기도마저 탐욕인 믿음, 그리하여 그 탐욕이 나마저 삼켜 버립니다.

내 안에 "나는 곧 나다"라고 자신을 드러내신 하나님, 오늘 하나님의 거룩한 형상을 닮은 '나', 죽어도 오뚝이처럼 홀로 일어서는 나를 찾기 위해 이 자리에 왔사오니, 내 안에서 잠든 주님을 깨워 주인 된 나로 홀로 서게 하옵소서. 그리하여 오늘 주님으로 오신 고통 받는 이들, 보잘것없는 이들에게 위로와 용기를 주는 삶을 살아가게 하옵소서.

창세기 1:3-31

• • •

하나님이 그들에게 복을 베푸셨다. 하나님이 그들에게 말씀하시기를 "생육하고 번성하여 땅에 충만하여라. 땅을 정복하여라. 바다의 고기와 공중의 새와 땅 위에서 살아 움직이는 모든 생물을 다스려라" 하셨다(28절).

조류독감, 싸스에 이어 메르스가 우리를 공포로 몰아갑니다. 왜 듣도 보도 못한 바이러스가 창궐하는 것일까요? 그 대답은 너무나 명백합니다. 우리는 오래전부터 자연에 악성 바이러스를 심었습니다. 그 악성 바이러스는 사람의 욕망입니다. 자연은 죽어가고 있습니다. 원인이 낙타라고요? 낙타가 웃을 것입니다. 그 낙타를 그렇게 만든 이가 누구인가요?

"도도새는 이미 마지막 숨을 거두었습니다. 거대한 미국 삼나무가 죽었다는 소식이 들려옵니다. 동남아시아의 숲은 온통 피부병이 난 강아지처럼 상처투성이입니다"(샐리 맥페이그의 설교, "이 마른 뼈들이 능히 살 수 있겠느냐"에서). 자연보호가 사람 보호인 것을 몰랐다는 말입니까? 알면서도 멈출 수 없는 욕망이라는 전차가 핵무기보다 더 위협적으로 우리를 덮치고 있습니다. "세계 늪지대의 절반이 파괴되고 부모들이 에이즈로 사망한 천오백만 아프리카 어린이들은 고아가 되며, 세계 포유류의 1/4은 멸종 위기에 있고 인구의 1/4은 하루에 1달러 미만으로 살아가는 절대 빈곤에 시달리고 있습니다"
(샐리 맥페이그, 위의 설교에서). 결국 자연에 심은 욕망이라는 바이러스
는 우리들에게 더 악한 귀신 일곱을 불러서 다가옵니다.

주님, 더 이상 하나님 보시기에 좋은 세상은 존재하시 않습니다.
자연을 정복의 대상으로, 지배의 대상으로 여긴 것은 바로 우리의
욕망입니다. 생명에는 나와 남이 없습니다. 나, 너는 사람의 생각에
서 나온 것입니다. 자연에는 나, 너 없습니다. 그저 하나입니다. 그
러나 나는 지배자, 너는 피지배자가 되었습니다. 이것이 바로 죽음
입니다. 주님, 성령강림절인데도 성령이 보이질 않습니다. 이 피조
물의 신음소리를 들을 수 없는, 거룩한 영이 사막이 되었습니다. 주
님, 이 시간 내 안의 자연을 회복하는 참회의 기도를 드립니다.

2015. 6. 21.(성령강림 후 넷째 주일, 6.25민족화해주일)

시편 133:1-3

• • •

그 얼마나 아름답고 즐거운가! 형제자매가 어울려서 함께 사는 모습!(1절)

주님, 이제 평화통일이라는 우리의 바람은 물론 화젯거리도 아닙니다. 우리의 소원은 통일이라는 노래를 꿈을 비는 마음으로 부르던 시대는 지나간 것처럼 보입니다. 북은 남보다 더한 남처럼 느껴집니다. 분단 70년, 분단의 고착화가 이렇듯 우리의 운명이 되어가야 하는지 가슴이 먹먹해집니다. 하긴 찢겨질 대로 찢긴 교회가 무슨 낯짝으로 평화통일을 말할 수 있겠습니까? 하긴 집안 형제자매도 화목하지 못한 우리가 어떻게 남과 북의 하나 됨을 논할 수 있겠습니까? 다르면 종북으로 몰아세워 분열의 정치, 양극화의 경제, 줄 세우는 경쟁의 교육, 극도의 배타를 믿음이라고 여기는 교회, 파열음에 익숙한 우리 자신을 봅니다.

세월호, 메르스 등 이런 일이 있을 때마다 책임 없는 분열이 가속화됩니다. 언제나 이것은 같은 형식을 반복합니다. 좌와 우, 남과 북…. 주님, 우리는 정말 치유 받지 못할 정신 분열증을 가진 민족입니다. 마음마저 분열된 분단 고착화의 병입니다. 아니 우리의 분단이 만든 병입니다. 그리고 그 병이 병인 줄을 모릅니다. 6.25 한국전쟁이 끝난 지 62년이 지나가고 민족 동질성은 멀어져만 갑니다. 하나 되는 것이 커지는 것임을 모르고 분열의 죽음을 향해 치닫습니다. 6.15는 멀어지고 6.25는 가까이 옵니다. 주님, 이 민족을 불쌍히 여겨 주옵소서. 하나 되는 길이 사는 길임을 깨닫게 하옵소서. 주님, 형제 됨을 회복하게 하옵소서. 평화통일이 헛꿈이라도 꿈엔들 잊지 않게 하옵소서.

2015. 6. 28.(성령강림 후 다섯째 주일)

전도서 7:1-4

• • •

지혜로운 사람의 마음은 초상집에 가 있고 어리석은 사람의 마음은 잔칫집에 가 있다(4절).

예루살렘이 무너지는 마지막을 앞두고 고대 이스라엘 백성들은 흥청망청 소를 잡고 양을 잡고, 고기를 먹고 포도주를 마시며 "내일 죽을 것이니, 오늘 먹고 마시자"(사 22:13) 하였다고 예언자 이사야는 전합니다. 그것은 머나먼 옛날이야기가 아니라 오늘 우리의 모습입니다. 마치 인생에 매듭이 없는 것처럼 사는 우리 모습입니다. 죽음을 알면서도 남은 시간 심판자이신 하나님 앞에 있지 않습니다. 아직도 제멋대로의 시간이라고 생각합니다. 그 어떤 시간도 다시는 돌이킬 수 없는 것임에도 제 것이라고 여기는 불쌍한 존재입니다. 주님, 오늘도 시간은 죽어가고 있고, 죽음을 향해 치닫습니다. 주님이 주신 달란트 중 가장 큰 것이 시간임을 모르고 삽니다. 시간을 낭비하면서도 주님의 시간 앞에 시간이 없다고 변명합니다. 우리는 아이들이 컴퓨터 게임에 빠져 밤새는 줄 모를 때 그토록 야단을 치면서도 흥청망청 놀이에 빠진 자신은 그와 다를 게 없음을 보지 못합니다.

주님, 오늘도 우리는 죽음 앞에 서 있습니다. 모든 것을 죽음 앞에서 생각하게 하옵소서. 죽음 앞에서는 우리의 욕심도, 시기도, 원망도 무너집니다. 그토록 갖고 싶었던 것도 가지고 갈 수 없는 죽음 앞에서 내려놓습니다. 죽음을 볼 수 없어 삶을 하나님의 눈으로 잴 수 없는 우리를 불쌍히 여겨 주옵소서.

2015. 7. 12.(성령강림 후 일곱째 주일)

이사야 58:13-14, 마태복음 11:28-30

•••

수고하며 무거운 짐을 진 사람은 모두 내게로 오너라. 내가 너희를 쉬게 하겠다
(마 11:28).

밤 10시 버스에는 고등학생들로 가득합니다. 하당에 있는 학원
으로 가는 아이들입니다. 혹독한 입시 경쟁을 말해 줍니다. 우리 아
이들에게 쉼이 없습니다. 아이들은 몰래 쉬어야 합니다. 공부하는
척 책상 위에 앉아 부모, 선생님의 눈을 속이기도 합니다. 건강한
쉼이 없습니다. 컴퓨터 게임을 통해 중독만이 깊어갑니다. 의사들
이 권장하는 청소년 수면 시간은 8~9시간이지만 우리 아이들은 평
균 5~6시간을 잡니다. 집중력이 떨어지고 창의성을 상실합니다.
핀란드와 더불어 세계에서 가장 높은 학력을 자랑하는 우리이지만
학습시간은 핀란드의 두 배입니다.

우리 노동자들은 OECD 국가 평균보다 1년에 2달 더 많이 일을
한다고 하며 은퇴 이후의 일은 OECD 국가 평균보다 남성은 2.3배,
여성은 2.4배 많다고 합니다. 여전히 노동은 소외고 착취입니다.
그리고 언제부터인가 우리는 건강한 쉼을 모릅니다. 쉼이 아니라
또 하나의 노동입니다. 자연을 누린다고 나가지만 이내 피곤하고
지친 모습입니다. 노는 것이 아니라 또 하나의 노동입니다. 그저 일

을 잠시 잊기 위한 알콜, 마약, 자극적인 도박과 향락에 젖어 듭니다.

　주님, 우리에게 내일을 위한 건강한 쉼, 재충전 그리고 창의성을 위한 참 안식이 없습니다. 오늘 이 버거운 시간을 끊고 이 자리에 왔습니다. 주님, 참된 안식을 회복하게 하옵소서.

2015. 7. 19.(성령강림 후 여덟째 주일)

누가복음 15:11-32

• • •

그제서야 그는 제정신이 들어서, 이렇게 말하였다. "내 아버지의 그 많은 품 꾼들에게는 먹을 것이 남아도는데, 나는 여기서 굶어 죽는구나. 내가 일어나 아버지에게 돌아가서, 이렇게 말씀드려야 하겠다. 아버지, 내가 하늘과 아버 지 앞에 죄를 지었습니다"(17-18절).

스스로 죄인이라고 고백하면서도 여전히 분노는 다른 이들을 향합니다. 지난 일주일도 그렇게 살았습니다. 남을 향해 쏟아부은 화를 생각하면 당연히 지옥엔 불이 있을 수밖에 없음을 깨닫습니 다. 지난 일주일 역시 해서는 안 될 말을 했습니다. 그리고 해야만 하는 일은 주저하다가 차일피일 그리고 아주, 잊어버렸습니다. 삶 이 버겁다고 끊어야 할 것을 끊지 못했고, 지켜야 할 것들을 지키지 못했습니다. 이 마음으로 어찌 나와는 다른 남을 용납했겠습니까?

다른 이들이 탕자라면 나 역시 탕자라는 것을 깨닫지 못하고 마치 오래 교회를 다닌다는 것으로 세상 사람들과는 구별되어 있다고 착각했습니다. 모두가 탕자일 뿐입니다. 굳이 장소로 구별하자면 교회 밖 탕자와 교회 안 탕자일 뿐입니다. 아니 우리 그리스도인은 입으로 찬양을 하면서도 남을 욕하는 이중의 죄를 지고 있습니다. 제 입술이 이미 더러워졌으면서도 찬송을 부르면 깨끗하다고 여깁니다. 마음을 찢지 못하면서 입술만 찬양입니다. 주님, 인정합니다. 탕자 목사, 탕자 교인입니다. 누구랄 것도 없습니다. 당신 앞에서는 한없이 작은 자들입니다. 그럼에도 아직도 서로를 용납 못 하는 우리를 불쌍히 여겨 주옵소서.

2015. 7. 26.(성령강림 후 아홉째 주일)

여호수아 7:1-15

• • •

> 이스라엘이 죄를 지었다. 나와 맺은 언약, 지키라고 명령한 그 언약을 그들이
> 어겼고, 전멸시켜서 나 주에게 바쳐야 할 물건을 도둑질하여 가져 갔으며, 또
> 한 거짓말을 하면서 그 물건을 자기들의 재산으로 만들었다(11절).

　주님, 벌써 7월의 끝이 보입니다. 주신 시간을 탕진한 것을 생각
하면 이 자리에 설 수도 없습니다. 지난 시간 하나님께서 내게 향하
신 뜻이 무엇인지 묻지도 않았고, 설령 안다고 해도 아무런 죄책감
없이 거역하며 살아왔습니다. 오늘도 이를 탐하는 한 사람의 아담
으로 이 자리에 있습니다. 그런 나로 가득 차 있는 세상 역시 이를
얻기 위해 이전투구 하는 모습입니다. 죄 된 나 하나하나가 모여 만
든 어두운 세상입니다. 오늘 이 자리에서 그렇게 살지 않겠다고 몇
번이나 다짐했는지 모릅니다. 그러나 죄의 반복, 작심삼일의 길로
접어들어 깊은 습관이 되어 갑니다. 그러나 오늘도 주님의 용서의
은총을 믿으며 뻔뻔하지만, 머리를 숙였습니다. 감히 올 수 없는 자
리이지만 다시 주님 앞에 나아와 부끄러움을 무릅쓰고 참회의 기도
를 드립니다.

　주님, 이를 탐하는 내 안의 아담을 지우게 하옵소서. 그리고 의
에 주리고 목마른 내 안의 주님을 일으켜 주옵소서. 그리고 의인 하

나, 노아를 통해 새 가족을 세우시고, 아브라함 하나를 통해 이스라엘을 세우신 것처럼 나 하나로 새 세상을 꿈꾸게 하옵소서. 주님, 익어가는 계절입니다. 매일 매일 반복하는 죄를 짓는 미숙함에서 벗어나 거룩으로 익어가는 성숙함을 갖추게 하옵소서.

2015. 8. 16.(성령강림 후 열둘째 주일)

마태복음 5:27-32

• • •

네 오른 눈이 너로 하여금 죄를 짓게 하거든, 빼서 내버려라. 신체의 한 부분을 잃는 것이, 온몸이 지옥에 던져지는 것보다 더 낫다. 또 네 오른손이 너로 하여금 죄를 짓게 하거든, 찍어서 내버려라. 신체의 한 부분을 잃는 것이, 온몸이 지옥에 던져지는 것보다 더 낫다(29-30절).

자비로우신 주님, 의인이 아니라 죄인을 부르심에 힘입어 부끄럽지만, 용기를 내어 참회의 기도의 자리에 다시 섰습니다. 그러나 나타난 행위만을 보며 그 행위를 낳게 한, 마음은 보지 못합니다. 살인, 폭력이 없는 것을 의라고 여기며 그것들을 낳게 한 분노와 증오의 마음은 보지 못합니다. 마음에 도사린 죄가 언제 그 문을 열고 나올지도 모릅니다. 그러나 오늘도 주님은 우리를 걸려 넘어지게 하는 말씀을 주십니다.

주님, 그렇지 않아도 삶이 무거운데 주님의 말씀은 우리의 혼과 영을 갈라놓고, 관절과 골수를 쪼개는 아픔을 주십니다. 주님, 참 아픕니다. 그러나 아프지만 그럼에도 주님은 우리 마음의 밑바닥을 살피게 하십니다. 주님, 빼서 내버리고 찍어 내버리는 참회의 결단을 주시어 사람다운 사람의 길을 걷게 하옵소서. 이 말씀 앞에 선 우리가 피하지 않게 하옵시고 내 마음에 품은 생각과 의도를 있는 그대로 성찰하게 하옵소서.

2015. 9. 6.(창조절 첫째 주일, 재일동포선교주일, 개척선교주일)

마태복음 5:38-42

• • •

그러나 나는 너희에게 말한다. 악한 사람에게 맞서지 말아라. 누가 네 오른쪽 뺨을 치거든, 왼쪽 뺨마저 돌려 대어라(39절).

주님, 주님의 마음을 배우겠다고 주님의 몸인 교회에 나왔지만 달라지지 않는 부끄러운 삶을 봅니다. 9월 아침, 가을 서늘함이 소매에 펄럭일 때, 올해도 얼마 남지 않았음에 다시 우리의 마음의 옷깃을 여밉니다. 그토록 많은 삶을 살았건만 그럼에도 마음 밭은 여전히 황폐합니다. 주님은 나의 밭을 가꾸는 농사꾼이십니다. 주님, 우리로 주님의 열매가 되게 하옵소서. 우리 마음 밭을 육을 따라서가 아니라 영을 따라 가꾸어 주옵소서.

주님, 무엇보다도 우리 속에 있는 원망과 불신의 적대감이 자꾸 커져갑니다. 말할 수 없는 분노가 우리에게 있습니다. 작은 잘못도 용서하지 못하고 작은 상처에도 적대감을 갖습니다. 무례를 무례로 갚습니다. 욕을 욕으로 갚습니다. 폭력을 폭력으로 갚습니다. 못 갚을 때는 그 칼날이 자신을 향하기도 합니다. "눈에 맞선 눈, 이에 맞선 이" 이것이 우리 세계, 우리 사회의 현재입니다. 어쩌면 기어이 원수를 갚게 해달라고 기도하고 있을지도 모릅니다. 주님, 이 시간 스스로 십자가로 용서하시고 다 이루신 주님의 뜻을 생각하게 하옵소서. 가을 하늘에 한가한 잠자리의 비행을 봅니다. 자연은 온갖 비바람에도 분노하지 않습니다. 자연은 묵묵히 자기 몫의 삶을 살아내고 있습니다. 오늘 가을 햇볕 같은 당신 말씀으로 더럽혀진 우리 영혼을 씻어 주옵소서.

2015. 9. 13.(창조절 둘째 주일, 교회연합주일)

마태복음 5:43-48

• • •

"네 이웃을 사랑하고, 네 원수를 미워하여라" 하고 말한 것을 너희는 들었다.
그러나 나는 너희에게 말한다. 너희 원수를 사랑하고, 너희를 핍박하는 사람
을 위하여 기도하여라(43-44절).

주님, 주님께서는 우리로 주님의 뜻 안에서 살기를 원하셨지만,
우리는 보이는 대로 판단하고, 들리는 대로 걱정하고, 말이 나오는
대로 원망하며 살았습니다. 하나님이 보시는 삼가 조심해야 할 삶
임을 잊은 채, 자기를 성찰하지 못했고 받은 은혜의 삶임을 깨닫지
못했습니다. 하나님 앞에서 하나님 없이 자신이 주인인 양 살아왔
습니다. 그렇기에 하나님의 자녀인 이웃을 소중히 여기지 못했고
그 이웃이 하늘인 줄을 몰랐습니다. 우리 안에 하나님이 원치 않으
시는 이웃에 대한 미움과 증오가 있습니다. 내가 미워하는 그 사람
의 마음속에도 하나님이 계시다는 것을 알지 못했습니다. 사실 하
나님을 미워했고 증오한 것입니다. 종교가 다르다고, 같은 민족이
아니라고, 지역이 다르다고, 학력이 다르다고, 성이 다르다고, 가진
것이 다르다고, 지위가 다르다고 차별하고 급기야 원수처럼 여기기
도 했습니다. 주님은 원수를 사랑하라고 했습니다만 우리는 그런
사랑은 아예 불가능하다고 여기고 있습니다. 우리를 박해하는 자를

위해 기도하라는 주님의 말씀은 여전히 내 안에서 공허합니다.

주님, 강퍅한 우리를 용서하여 주옵시고 사랑의 심지에 불을 켜 주옵소서. 나아가 다른 이의 아픔을 값싼 동정이 아니라 진정 나의 것으로 느끼고 기쁨과 슬픔을 함께할 수 있는 은총을 주옵소서.

잠언 10:4-5

●●●

곡식이 익었을 때에 거두어들이는 아들은 지혜가 있는 아들이지만, 추수 때에 잠만 자고 있으면, 부끄러운 아들이다(5절).

주님, 우리 남신도들의 삶이 많이 힘이 듭니다. 세상 속에서 모욕이 되도 참고 견뎌야 합니다. 때론 힘과 재물 앞에서는 굴욕감을 가질 때도 적지 않습니다. 하고 싶은 말을 다 하고 사는 사람은 거의 없습니다. 주님은 그 마음을 아십니다. 자신이 자신만의 것이 아니기 때문입니다. 가족을 생각하고 아이들을 생각하고 연로하신 부모님을 생각해야 됩니다. 주님, 이 시간 그 상처 난 마음들을 안아주시고 매만져 주옵소서. 때론 교회에 나와서도 사람들의 작은 말 한마디, 행동 하나로 마음이 무너질 때가 있습니다. 주님, 긍휼히 여겨 주시어 하나님이 세워 주시고 위로해 주시는 그 힘으로 이기게 하옵소서.

주님, 우리 교회에 1, 2, 3 남신도회가 있습니다. 단지 나이로 나눠진 세대가 아니라 믿음을 이어가는 이 기관들이 되게 하옵소서. 언제나 힘든 일이 있을 때마다 그 어떤 것보다도 내가 기도했나? 내가 예배했나? 주님은 내게 어떻게 하라고 하는가만을 묻게 하옵소서. 또한 이 세 기관이 서로 밀어주고 끌어주고 하는 가운데 존중하고 아끼고 연대하는 주님의 몸이 되게 하옵소서. 시인의 노래처럼 눈빛만으로도 서로의 아픔을 알아주는 우리 남신도들, 믿음의 가장들이 되게 하옵소서. 그리하여 거울이신 주님을 통해 자신에 대해 부끄러워할 줄 알고 참회할 줄 아는 은총을 베풀어 주옵소서.

2015. 9. 27.(창조절 넷째 주일, 한가위감사주일)

룻기 1:19-22

• • •

> 그 두 사람은 길을 떠나서, 베들레헴에 이르렀다. 그들이 베들레헴에 이르니, 온 마을이 떠들썩하였다. 아낙네들이 "이게 정말 나오미인가?" 하고 말하였다(19절).

주님, 한가위 달처럼 넉넉한 마음을 가져야 하지만 삶의 현실이 우리 마음을 추레하게 합니다. 추석 명절이어도 한 푼이라도 더 벌고자 일을 하는 젊은이들의 힘든 모습을 봅니다. 고통 분담이 가진 자에게는 가볍고 없는 자에게는 무거운 현실 속에서 고향길은 무겁기만 합니다. 누구랄 것도 없이 힘들어하는 이웃의 마음을 아프게 하지는 않았는지 살피게 하옵소서. 고향으로 고향으로 돌아가 존재의 뿌리를 찾아 삶을 다시 추스르는 민초들의 삶에 주님의 눈은 머무르고 있음을 믿습니다. 힘들지만 힘들어도 죄를 짓지 말고 원망하지 말고 최선을 다하게 해달라고, 그리고 아무리 고통스러워도 스스로 목숨을 끊는 일만은 하지 말게 해달라고 기도드려 봅니다.

주님, 힘겨운 이웃들에게 야속한 달이 되지 않기를 기도합니다. 내일을 기약하는 소망의 달이 되기를 기도합니다. 내 여유로운 식탁이 가난한 이웃에게 나누어지기를 기도합니다. 내 여유로운 마음이 버거운 이웃을 잠깐이라도 품기를 기도합니다. 가난한 이들에게 온기를 잃어버리고 혹이나 그들이 게으르다고, 혹이나 그들이 힘든 일은 안 한다고 어깨를 돌린 적은 없는지 나를 성찰하게 하옵소서. 우리도 그 처지에 있었으면 어떻게 했을 것인지 생각하는 역지사지의 영성을 갖게 하옵시며 오늘만은 내 마음에 푸근한 달 하나 걸어놓게 하옵소서. 오늘 밤은 공부 얘기 그만하고 아이 손을 잡고 고향 들길을 걸으며 둥근 달에 아이 꿈을 새기게 하옵소서. 둥근 달을 쳐다보며 예쁜 아빠, 엄마 역할을 다짐해보게 하옵소서.

2015. 10. 4.(창조절 다섯째 주일, 세계성만찬주일, 군선교주일)
예레미야 23:25-29, 누가복음 12:49-53

• • •

내 말은 맹렬하게 타는 불이다. 바위를 부수는 망치다. 나 주의 말이다
(렘 23:29).

주님, 오늘날 젊은이들의 화두이자 신조어는 '헬조선'입니다. '헬'은 지옥이고, 한국도 아닌 '조선'은 이미 신분의 대물림이 운명처럼 결정된 우리 사회의 퇴행성을 말해줍니다. 아무리 일해도 벗어날 수 없는 경제적 현실, 꿈을 가질 수 없는 현실에 사람들은 절망하고, 그 절망은 분노로 달려갑니다. 그리고 그 분노는 안을 향해 자신을 죽이기도 하고 밖을 향해 남에 대한 폭력과 살인으로 나타나기도 합니다. 때론 불특정 다수를 향하기도 합니다.

물론 건강하고 성숙한 분노를 취해야 할 때가 있습니다. 세월호의 슬픔, 비정규직 노동자들에게만 고스란히 돌아간 고통 분담, 권력 유지를 위해 역사마저 획일화하여 친일 독재를 찬미하는 국정교과서 움직임에 당연히 분노해야 합니다. 내적으로는 거짓되고 위선적인 자신에 대해 분노해야 합니다. 자유를 육체의 방종과 사치로 이끄는 자신에 대해 분노해야 합니다. 그러나 자신을 죽이고 남을 죽이는, 더 나아가 불특정 다수에게 해를 주는 분노이어서는 안 될 것입니다.

주님, 우리의 불의한 분노를 용서하여 주옵소서. 우리의 분노가 거룩한 분노가 되게 하옵소서. 불의한 분노의 에너지를 거룩한 분노로 건강한 열정의 에너지로 바꿀 수 있는 성령의 은총을 구하오니, 우리의 참회를 받아 주옵소서. 이 가을, 내 혼에 성령의 불을 놓아 주옵소서.

2015. 10. 25.(창조절 여덟째 주일, 종교개혁주일)

창세기 11:1-9

• • •

주님께서 거기에서 온 세상의 말을 뒤섞으셨다고 하여, 사람들은 그 곳의 이름을 바벨이라고 한다. 주님께서 거기에서 사람들을 온 땅에 흩으셨다(9절).

개혁을 말하고 있는 교회가 개혁의 대상입니다. 개혁을 말하고 있는 강단의 성직자가 가장 큰 개혁의 대상입니다. 하나님에 대한 순종은 언제부터인가 목회자에 대한 순종으로 변질되었습니다. 부끄러운 마음으로 이 시간 참회의 기도를 드립니다. 시간이 갈수록, 나이가 들수록 늘어가는 것은 죄뿐입니다. 더욱이 위선과 가식은 이젠 익숙한 옷이 되어 버렸습니다. 지금이라도 이 자리에서 내려와야 하지만 목구멍이 포도청인 삯꾼의 허울 좋은 명예에 매달리고 있습니다. 거룩함으로 가릴 줄 아는 권위주의는 회칠한 무덤과 같음을 고백합니다.

주님, 나라가 역사 교과서 문제로 들썩입니다. 삶이 해석이듯 역사도 해석이라는 것을 그리고 그 해석은 사람 수만큼 다양하다는 상식이 논란거리가 됩니다. 상당한 다수의 목회자가 국정교과서 도입에 적극, 찬성하고 있습니다. 성서 속의 역사가 하나인지, 그토록 다양한 복음서의 예수님은 왜 그리도 서로 다른지를 묻게 하옵소서. 알고 보니 성서 자체가 하나님의 검인정을 거친 신앙의 역사서입니다. 다시 바벨탑 시대로 돌아갑니다. 언어도 하나요, 말도 하나인 오직 하나의 절대적인 지배 체제라는 유신이라는 바벨탑으로 돌아가고 있습니다. 주님, 내려오시어 우리를 흩으시옵소서. 사람 수만큼이나 삶은 다양하고 그 삶의 역사도 다양하다는 것을 알게 하옵소서.

2015. 11. 1.(창조절 아홉째 주일)

출애굽기 12:8-11, 요한복음 6:48-51, 고린도전서 5:6-8

•••

여러분은 새 반죽이 되기 위해서, 묵은 누룩을 깨끗이 치우십시오. 사실 여러분은 누룩이 들지 않은 사람들입니다. 우리들의 유월절 양이신 그리스도께서 희생되셨습니다(고전 5:7).

주님, 11월 첫날, 첫 주일입니다. 올해도 두 달밖에 남지 않았습니다. 돌이켜 봅니다. 힘이 빠지는 실패였음을 고백합니다. 그러나 새로운 출발이 실패로 끝난다고 해서 인생이 영영 끝나는 것은 아닙니다. 다시 출발하면 또 새로운 인생이 눈앞에 열립니다. 언제든지 숨 쉬고 있는 동안은 다시 출발할 수 있는데도 이러한 삶의 특권을 포기하는 우리들이 아닌가 싶습니다. 그러고 보니 아직 두 달이나 남았습니다.

주님, 각 가정의 집은 잘 지어지고 있는지 돌아봅니다. 나는 믿음의 가장인가? 나는 기도의 어머니인가? 식구들 서로 얼마나 얼싸안으며 살아가고 있는가? 주님, 우리 집은 잘 지어지고 있는지, 주님이 머릿돌이 되어 있는지 살피게 하옵소서.

주님, 우리 산돌은 어떤가요? "짓다가 만 집과 짓고 있는 집은 사뭇 다릅니다. 짓다가 만 집은 흉물처럼 보이지만 짓고 있는 집은 미완의 예술품입니다. 스페인 바로셀로나의 가우디의 건축물이 그렇듯 어떤 건물은 수십 년, 수백 년에 걸쳐 짓고 있고, 그 짓고 있는 집을 구경하려고 많은 사람들이 줄을 서서 미래의 희망을 그려봅니다"(고도원의 『아침편지』에서). 우리 산돌은 짓고 있는 집인가요? 짓다가 만 집인가요? 나라는 돌은 산 돌인가요? 죽은 돌인가요? 부끄럽습니다. 지혜를 주십시오.

2015. 11. 8.(창조절 열째 주일)

누가복음 10:25-37

• • •

그가 대답하였다. "'네 마음을 다하고 네 목숨을 다하고 네 힘을 다하고 네 뜻을 다하여, 주 너의 하나님을 사랑하여라' 하였고, 또 '네 이웃을 네 몸같이 사랑하여라' 하였습니다"(27절).

주님, 입동이 비를 몰고 겨울을 예보합니다. 여름 찌꺼기를 씻듯 내리는 빗속에서 우리의 죄와 허물도 씻고 싶습니다. 이제 곧 겨울이 성큼 다가올 것입니다. 그러나 주님, 아직 겨울 준비를 못 했습니다. 이렇게 삶이 냉기로 가득 차리라고는 생각하지 못했습니다. 서두른다고 하지만 그저 제 앞가림뿐입니다. 쫓기는 삶 속에서 나 하나, 내 가족 하나 생각하기도 힘들었습니다. 이웃에게 눈길조차 주지 못하고 살기도 합니다. 그리고 내게 편한 사람들만이 내 이웃입니다. 우리의 시선은 불편한 이웃들을 애써 외면합니다. 그저 TV 뉴스에서 보고 들을 뿐입니다. 크건 작건 불의한 자들에게서 고통당하며 신음하는 이웃들이 있습니다. 그들의 억울함이 아벨의 피처럼 끓고 있습니다. 우리가 받아야 할 고통을 그들이 대신 받고, 우리가 겪어야 할 슬픔을 그들이 대신 겪고 있다는 것을 우리는 모릅니다. 아니 오히려 그들이 징계를 받는 것은 그들에게 잘못이 있어 그렇다고 그들의 고난을 정당화합니다. 설령 그들의 억울함을 알아도 우리는 죽어 천당 가는 외침 속에서 땅의 고통을 외면하는 위선을 저지르고 있습니다. 이것은 정치의 문제가 아니라 인간의 문제입니다.

가장 보잘것없는 자로 오신 주님, 주님을 두고 "그가 찔린 것은 우리의 허물 때문이고, 그가 상처를 받은 것은 우리의 악함 때문이다"라는 이사야의 고백이 생각납니다. 주님, 우리의 외면을 용서하옵시고 이 겨울, 이 불편한 이웃들에게 우리의 따뜻한 시선이 머무르게 하옵소서. 이 시간 이웃을 향한 우리의 애태움이 모여 다시 "아멘" 하게 하옵소서.

2015. 11. 29.(대림절 첫째 주일)

누가복음 11:5-8

• • •

내가 너희에게 말한다. 그 사람의 친구라는 이유로는, 그가 일어나서 청을 들어주지 않을지라도, 그가 졸라대는 것 때문에는, 일어나서 필요한 만큼 줄 것이다(8절).

주여,

제가 천당에 들여 보내 달라고 기도하면

당신의 반월도를 든 천사들을 보내셔서

천국의 문들을 제 앞에서 모두

닫아 버리십시오.

제가 만일

지옥이 무서워서 당신을 사랑한다면

그 영원한 천길 불길 속에 저를 던져버리십시오.

그러나 주여,

제가 당신을 사랑하는 것이 오직

당신 때문이라고 한다면

당신의 팔을 벌려

저를 맞아주십시오.

_ 성 프란치스코

성 프란치스코의 기도입니다. 과연 거룩할 聖성, 聖人성인다운 기
도입니다. 언제나 이런 기도를 제가 드려볼 수 있을지 부끄럽습니
다. 기도해도 탐욕을 기도하며, 기도이기에 더러운 욕망마저 미화
합니다. 늘 무엇이 그렇게 부족한지 '주시옵소서'라는 구걸의 기도
뿐입니다. 물론 없어서 한 기도요, 필요하기에 드려진 기도이며, 그
렇게 할 수밖에 없는 부족한 인간이지만, 수십 년을 믿어도 미숙한
신앙에 머물러 있습니다. 주님, 높아지는 기도를 멈추고 낮아지는
기도를 드리게 하옵소서. 주님, 가지려는 기도를 멈추고 베푸는 기
도를 드리게 하옵소서. 주님, 내 뜻을 이루려는 기도를 멈추고 주님
의 뜻을 받드는 기도를 드리게 하옵소서.

2015. 12. 6.(대림절 둘째 주일)

이사야 43:14-21

•••

내가 이제 새 일을 하려고 한다. 이 일이 이미 드러나고 있는데, 너희가 그것
을 알지 못하겠느냐? 내가 광야에 길을 내겠으며, 사막에 강을 내겠다(19절).

오늘이 세월호 600일입니다. 왜 내 자식이 죽었는지나 알자고
기다린 가족들의 대림절은 두 번의 겨울을 거치면서도 아직 끝나지
않고 있습니다. 전국에 생중계된 침몰의 현장에서, 영원히 지워지
지 않을 생 수장의 장면에서 그들은 평생의 응어리를 안고 살아갑
니다. 예수님이 태어나실 때도 세월호는 있었습니다. 많은 아이가
권력에 희생당했습니다. 예언자 예레미야는 이 대학살의 현장을 예
언했습니다.

> 나 주가 말한다. 라마에서 슬픈 소리가 들린다. 비통하게 울부짖는 소리가 들
> 린다. 라헬이 자식을 잃고 울고 있다. 자식들이 없어졌으니, 위로를 받기조차
> 거절하는구나(렘 31:15).

주님, 아직도 진도의 바람 소리는 울음소리입니다. 피맺힌 절규
의 소리입니다. 그러나 우리는 우리 자식이 아니라고 잊고 살아갑
니다. 사실 잊고 일상을 살아갈 수밖에 없는 우리들이기도 합니다.

세월호 600일, 저도 잊고 살았습니다. 600일이라는 말에 기억이 난 것뿐이고 그냥 넘어갈 수 없고 한마디 해야겠다는 지식인의 허위의식이 작동되었을 뿐입니다. 그러나 허위의식이라도 좋고 거짓이라도 좋습니다. 이대로는 안 됩니다. 주님, 그들의 슬픔을 두고 "기쁘다 구주 오셨네!" 찬양을 할 수는 없습니다. 주님, 올해 그들의 대림절로 우리의 참회를 이끌어 주옵소서.

2015. 12. 13.(대림절 셋째 주일, 성서주일, 인권주일)

아모스 8:11-14, 마태복음 8:5-13

•••

그 때에는 사람들이 주의 말씀을 찾으려고 이 바다에서 저 바다로 헤매고, 북쪽에서 동쪽으로 떠돌아다녀도, 그 말씀을 찾지 못할 것이다(암 8:12).

말씀이신 주님, 주님은 말씀으로 오셨지만 우리는 세상의 오염된 소리에 익숙해져 가고 있습니다. 오래전부터 주님을 향한 우리의 기도는 탐욕의 거친 숨소리일 뿐입니다. 하나님의 뜻을 품기보다는 내 주장을 드러내고 싶어 합니다. 내가 죽어야 주님이 살건만 오히려 주님은 죽고 나는 돋보이고 싶어 합니다. 이유는 단 하나입니다. 말씀이 없기 때문입니다.

주님, 저마다 교회 생활을 시작한 것은 다르지만 혹 10년, 20년, 목사가 되고 장로가 되고 권사, 집사가 되어, 주님의 말씀을 다 아는 듯 여기는 속살 교만을 주님은 잘 아십니다. 우리에게 부끄러움이 없습니다. 수치심이 없습니다. 마치 기도의 과정을 다 마친 것마냥 기도하지 않습니다. 마치 성서를 이미 볼 만큼 다 보았다는 식입니다. 말씀이 머리에 머물 뿐, 그것도 얄팍하고 흩어진 조각에 불과한데, 가슴에 이르기에는 턱없이 부족한데 말입니다. 오늘도 살아보지도 않았으면서도 채 익지도 않은 말씀으로 교우들이 은혜받기를 바라는 이 자리에 선 제 자신을 봅니다. 말씀이 삶이 되기 위한 치열함은 목회자라는 겉모양의 경건으로 사라지고 있습니다.

주님, 우리 아이들에게도 말씀은 저만치 멀어진 잔소리에 불과하며 우리 성경책엔 뿌연 먼지가 쌓여 있을까 두렵습니다. 말씀 없는 부모를 아이들이 어떻게 보고 있을까요? 우리의 믿음이 '말씀'이 중심이 아니라 우리의 욕망이 되어버린 현실을 봅니다. 주님, 이와 함께 영혼은 마음 저쪽 구석으로 밀려나 있습니다. 올해도 말씀으로 오시는 아기 예수 모실 겸허한 말구유의 마음이 없음을 고백하며 참회의 기도를 드립니다.

2015. 12. 20.(대림절 넷째 주일)

마태복음 2:1-12

•••

그들은 그 집에 들어가서, 아기가 그의 어머니 마리아와 함께 있는 것을 보고, 엎드려서 그에게 경배하였다. 그리고 그들의 보물 상자를 열어서, 아기에게 황금과 유향과 몰약을 예물로 드렸다(11절).

낮아지신 주님, 말구유에 오신 낮아지신 주님께 놀랄 뿐입니다. '전지전능하시고, 무소부재하신' 주님이신 줄만 알았습니다. 그런데 해산할 방 하나 없어 베들레헴 거리를 헤매셨습니다. 우리의 왕으로 오셨다는데 가장 더러운 마구간 말구유가 당신의 요람이었습니다. 만왕의 왕이신데 헤롯의 칼날을 맞서지도 못하시고 태어나자마자 피신 길에 오르셨습니다. 그리고 고난이 당신 삶의 과정이었고, 십자가 처형이 당신 운명의 마지막이었습니다. 주님은 사람들에게 멸시받고 버림을 받고 고통을 많이 겪은 분이었습니다. 그럼에도 주님은 십자가에서 내려오시지 않았습니다. 우리의 고통, 우리의 슬픔, 우리의 벌을 받으셨습니다.

주님, 오늘 우리 사회에서 나 대신 고난을 당하는 작은 예수들이 없는지 묻습니다. 우리의 허물과 우리의 상처와 우리의 악함을 대신 지고 가는 이들이 없는지 묻습니다. 주님, 왜 태어날 때부터 헤매고 쫓기셨습니까? 그 모습이 우리를 구원할 메시아의 모습이라고 생각하는 사람은 없습니다. 알겠습니다, 주님. 오늘도 헤매고 쫓기는 이들이 바로 주님, 아기 예수시라는 것을 알겠습니다. 주님, 헤매고 쫓기는 그들을 얼싸안는 바로 그 자리가 겸허한 말구유의 내 마음임을 깨달으며 화해하고 용납하는 참회의 기도를 드립니다. 주님, 기운을 내십시오.

2015. 12. 27.(성탄절 첫째 주일, 송년주일)

사무엘하 24:1-25

• • •

거기에서 다윗은 주님께 제단을 쌓아, 번제와 화목제를 드렸다. 다윗이 땅을 돌보아 달라고 주님께 비니, 주님께서 그의 기도를 들어 주셔서, 이스라엘에 내리던 재앙이 그쳤다(25절).

시간의 주인이신 주님, 마냥 기다릴 것 같았던 시간이었지만 이제 올해도 벌써 마지막에 와 있습니다. 출생이 있다면 죽음이 있고, 시작이 있다면 끝이 있다는 것 그리고 그 끝에 결산이 있고 준엄하신 주님의 심판이 있음을 압니다. 그러나 알면서도 시간을 낭비하였고 물질을 탕진하였습니다. 가야 할 곳에 가지 않았고 가지 말아야 할 곳에 갔습니다. 하지 말아야 할 것을 했고 해야 할 것을 하지 않았습니다. 하지 말아야 할 말을 했고 해야 할 말을 하지 않았습니다. 주께서 주신 입과 손과 발을 다스리지 못했습니다.

주님, 제 몸 하나 다스릴 줄 몰랐던 올해의 삶을 내어놓습니다. 부끄럽지만 용서를 구합니다. 이 용서를 통하여 주님, 지나간 우리의 허물과 잘못을 이제 과거로 넘어가는 올해에 묻어두고 새해, 새 길을 떠나게 하옵소서. 무엇보다도 주님, 가는 그 길이 주를 향한 길이 아니라면 지금이라도 돌이키게 하여 주시옵소서. 주님의 강권적인 은혜를 구합니다. 이제 2015년을 넘어 2016년을 향해가는 우리 산돌교회가 그 이름 그대로 살아 있는 돌로 주님의 거룩한 몸인 교회를 세워가게 하옵소서. 주님, 올해의 고통을 내년으로 이어가는 이웃들도 있습니다. 헬조선이 아니라 천국 대한민국이 되게 하여 주옵소서.

기억을 지우려는
세력에 맞서며

| 2016년도 |

2016. 1. 3.(성탄절 둘째 주일, 새해주일)

신명기 8:11-20, 고린도전서 11:23-26, 누가복음 22:19-20

• • •

> 오늘 내가 당신들에게 전하여 주는 주님의 명령과 법도와 규례를 어기는 일이 없도록 하고, 주 당신들의 하나님을 잊지 않도록 하십시오(신 8:11).

주님은 또 다른 새해로 인도해 주셨지만, 우리는 아직 옛 시간에 머물러 있습니다. 옛사람에 아직 미련이 있는 우리입니다. 뒤를 돌아보아 과거에 굳어버린 롯의 아내가 바로 저입니다. 우리의 기억은 쾌감이라는 잘못된 기억에 있지, 죄악의 황폐함이라는 올바른 기억에 있지 않습니다.

주님, 지난 일그러진 세월을 뼈아프게 기억하지 않는 한 새해도 지난해의 반복, 사도 베드로가 말하듯 개가 토한 것을 다시 먹고 돼지가 몸을 씻고 나서 다시 진창에 뒹구는(벧후 2:22) 추한 모습의 반복임을 알게 하옵소서. 역사의 반복은 더합니다. 일제의 走狗주구가 된 자에게 나라를 맡기고도 어리석음을 모르는 이 백성을 불쌍히 여겨 주옵소서. 무엇보다도 그저 가난만 벗어나면 일제도 좋고 독재도 좋은 이 백성을 긍휼히 여겨 주옵소서. 나라 잃어 그 목숨을 스스로 끊은 조상들, 나라를 찾기 위해 만주 벌판을 헤맸던 선조들을 뵙기 부끄럽고 수치스럽습니다. 정작 기억해야 할 것은 기억하지 않고 배를 불리며 말초신경을 자극하는 것에 익숙해져 있습니다.

오늘 이 시간 우리 역사와 내 지나온 삶을 기억합니다. 바르게 기억하게 하옵시고, 우리의 믿음에서 기억해야 할 주님을 향한 우리의 배반과 그럼에도 사랑하시는 그 사랑에 대한 기억을 간직하며, 새해를 시작하는 은총을 주옵소서.

2016. 1. 10.(주현절 첫째 주일)

마가복음 3:1-6

• • •

> 예수께서 노하셔서, 그들을 둘러보시고, 그들이 마음이 굳어진 것을 탄식하
> 시면서, 손이 오그라든 사람에게 말씀하셨다. "손을 내밀어라." 그 사람이 손
> 을 내미니, 그의 손이 회복되었다(5절).

주님, 폐지가 쌓인 수레를 끙끙거리며 끌고 있는 노인에게 다가
가 거기에 내 손을 하나 보태면 금세 그 노인도 나도 행복해집니다.
손을 내밀면 손의 도움을 입은 사람도 좋지만, 손을 내민 사람은 더
큰 기쁨을 갖습니다. 내가 마음을 열고 미풍처럼 타인에게 다가가
면 그들도 나에게 마음을 엽니다. 그런데 서로 등을 돌렸을 때 먼저
손을 내미는 것을 마치, 지는 것처럼 생각하는 것이 소인배의 마음
인 줄 알면서도 자존심에 허덕여 손을 내밀지 못하는 부끄러운 나
자신을 봅니다.

주님, 나의 인생을 가족이 공유하고 있고 이웃, 친구, 직장동료
들도 공유하고 있음을 간과하며 내 것인 양 살아갑니다. 알고 보면
나 자신은 나를 아는 모든 사람의 것이기도 합니다. 주님, 그런 의
미에서 우리 각자는 공인입니다. 그렇기에 손을 내밀어 화해를 청
하고 용서를 구하고 잘못을 고백하는 것은 공인으로서 당연한 것임
에도 우리는 자기 안에 갇혀 있고 마음은 굳어져 있습니다. 10년,

20년 아니 생이 다하기까지 교회를 다니면서도 마음 하나 열지 못하는 완악한 내 마음, 참 사납습니다. 아직도 목소리를 높여야 자존감이 느껴지는 불쌍한 존재입니다. 새해 나이테를 하나 그으면서 나잇값을 나시 물어봅니다. 주님, 새해는 욕심으로 움켜쥔 내 손을 펴게 하옵소서.

2016. 1. 31.(주현절 넷째 주일)

로마서 8:12-17

• • •

여러분이 육신을 따라 살면, 죽을 것입니다. 그러나 여러분이 성령으로 몸의
행실을 죽이면, 살 것입니다(13절).

혹한의 겨울을 지나고 있습니다. 정도의 차이는 있지만, 새해는
언제나 칼날 같은 추위로 시작됩니다. 따스한 봄날이 그립지만 봄
은 嚴冬雪寒엄동설한을 겪어야 옵니다. 비단 계절만은 아닙니다. 우리
인생도 그러합니다. 흔들리는 것은 매서운 바람을 맞는 겨울 창문
만이 아니라 우리네 인생이기도 합니다. 아니 인생에 부는 바람은
칼바람이 아니라 피바람입니다. 겨울을 이겨내는 나무들이 부럽습
니다. 그 뿌리가 거대한 어머니 대지 속에 깊이 박혀 있어 가능한
일입니다. 뿌리 깊은 나무입니다. 그러나 한 그루 나무만도 못한 우
리는 영혼의 중심이신 하나님 아버지의 뜻을 외면하며 삽니다. 하
나님은 여전히 우리 욕망 투사의 대상일 뿐이고 우리가 만든 하나
님, 아론의 금송아지입니다.

이스라엘 백성들은 삶의 광야에서 그 우상을 '야훼 하나님'이라
고 부르며 예배를 드렸습니다. 오늘날도 여전합니다. 오늘 예배도
우리 욕망을 갈구하는 거짓된 몸짓일지도 모릅니다. 세상에서의 바
쁘디바쁜 탐욕의 하루하루를 오늘은 만들어진 신 앞에 나와 거룩함

으로 치장하고 있는지도 모릅니다. 내가 만든 신이기에 내 삶이 흔들릴 때 그 하나님도 광야의 바람에 흔들립니다. 요동칩니다. 그리곤 원망과 불평, 남 탓, 세상 탓을 쏟아냅니다. 채우지 못한 욕심과 그것을 채우지 못해 안달하는, 바람 살 날 없는 삶입니다.

　주님, 이것이 거울이신 당신께 비친 내 모습입니다. 문제는 언제나 나입니다. 주님, 이 시간 나다운 나, 참 나의 길을 주시는 주님 앞에서 거짓 나를 바라보며 참회의 기도를 드립니다. 주님, 모진 바람에도 흔들리지 않는 한그루 겨울나무로 서게 하옵소서.

2016. 2. 14.(사순절 첫째 주일, 신학교육주일)

마태복음 19:16-22

• • •

> 그러나 그 젊은이는 이 말씀을 듣고, 근심을 하면서 떠나갔다. 그에게는 재산
> 이 많았기 때문이다(22절).

설 연휴에도 가족에게로 돌아갈 수 없었던 체불 노동자들, 부당
해고 노동자들, 외국인이라는 이유로 차별받는 이주 노동자들, 이
들에게 설은 우울합니다. 이들을 외면한 이 사회의 일원이 나라는
것을 생각합니다. 사순절이 시작되면서 내가 힘들다는 핑계로 어려
운 이웃에게 눈길조차 주지 않는 내 모습을 봅니다. 게다가 이들의
절규가 세월호 가족들처럼 굴절된 모습으로 언론에서 보도됩니다.
어쩌다가 우리 사회가 이렇게 됐는지 모르겠습니다. 그렇다고 정치
실종을 탓하기만 하며 주저앉을 수는 없습니다. 주님은 사순절을
통해 우리의 마음을 다시 세우십니다. 얼마 전 세상을 떠난 쇠귀가
전해 준 채근담의 '대인춘풍지기추상'待人春風持己秋霜을 마음으로 새겨
봅니다.

곧 남을 대할 때는 봄바람처럼 관대하고 자신에게는 가을 서리처럼 엄정
하라.

주님께서 사신 삶입니다. 주님은 다른 이들이 외면하고 죄인 취급한 사람들에게 늘 친구였습니다. 주님이 이들과 함께할 때 너는 어디에 있었냐고 물으시면 얼굴이 붉어지고 고개가 수그러질 뿐입니다. 우리는 여전히 고통당하는 이웃과 멀리 떨어져 바라보고만 있습니다. 우리는 기껏, 바라만 보는 동정을 가질 뿐입니다. 그 사람을 알지 못한다고 맹세하며 말하는 베드로에게서 내 모습이 보입니다. 그런데도 스스로를 괜찮은 사람인 양 여기며 오늘도 이 강단에서 삶과는 전혀 다른 말의 유희에 놀아나는 너무나 뻔뻔한 제 모습 그리고 그것에 익숙해가는 우리라는 집단의 무딘 죄악에 소스라침을 그저 감추려고 합니다. 이젠 두 마음 그만 품자고 몇 번이나 다짐하면서도 어느새 훈습되고 말았습니다. 다시 맞는 사순절마저 단 하나의 변화 없이 습관처럼 보내지 않을까 두렵습니다. 주님, 우리를 불쌍히 여겨 주옵소서.

2016. 2. 21.(사순절 둘째 주일)

마태복음 19:16-22

• • •

그 젊은이가 예수께 말하였다. "나는 이 모든 것을 다 지켰습니다. 아직도 무엇이 부족합니까?"(20절)

"나는 이 모든 것을 다 지켰습니다. 아직도 무엇이 부족합니까?" 알고 보니 나 자신, 미숙하기 그지없는 아직 어린 풋내기 청년이었습니다. 사랑해서 결혼한 줄 알았는데 현실에 여지없이 무너지는 사랑, 알고 보니 풋사랑이었습니다. 사랑을 위하여 다함 없는 희생, 가없는 아픔이 따른다는 것을 생각하지 못합니다. 대가를 지불하지 않은 사랑은 사랑이 아니라는 것을 모르고 살아갑니다. 그렇기에 돈 몇 푼에 효도했다고 생각하며 동전 몇 개로 이웃을 사랑했다고 여깁니다. 그리고 아직도 무엇이 부족하냐고 떳떳하기까지 합니다. 부끄러움과 수치심 없이 살아갑니다. 사람 관계가 천박하게 무너집니다. 서로에 대해 할 일을 다 한 사람처럼 안 한 게 있냐고 불평하며 당당한 자기 자신을 드러냅니다. 부모에게, 아내와 남편에게, 자식에게, 나아가 이웃에게 고개를 쳐든 내 모습에서 마음을 담지 못한 사랑을 봅니다. 사랑은 행위가 아니라 마음 씀씀이라는 것을 잊었습니다. 씀씀이만 남은, 마음 없는 거래였습니다.

주님, 사순절, 이 40일만이라도 내 속에 많은 나 속에서 참 나를 찾을 수 있어 자신을 새롭게 세워갈 수 있게 하옵소서.

2016. 2. 28.(사순절 셋째 주일, 3.1절기념주일)

마태복음 19:16-22

• • •

예수께서 그에게 말씀하셨다. "네가 완전한 사람이 되려고 하면, 가서 네 소
유를 팔아서, 가난한 사람에게 주어라. 그리하면, 네가 하늘에서 보화를 차지
하게 될 것이다. 그리고, 와서 나를 따르라"(21절).

맹자는 하늘을 우러러 한 점 부끄럼이 없고 사람을 굽어보아 수
치심이 없는 군자의 삶을 말하지만, 어찌 사람이 그렇게 살 수 있겠
습니까? 그러나 옛사람들의 글에는 삶의 먼 구석까지 돌아보게 하
는 오래된 미래가 있음을 고백합니다. 특별히 우리 그리스도인들에
게 수천 년 내려온 믿음의 선배들이 만난 하나님의 말씀이 있어 지
나온 나 자신을 돌아보며 미래로부터 오는 빛을 볼 수 있음에 감사
를 드립니다. 그렇지만 말씀은 인간의 편리에 따라, 교회가 가져서
는 안 되는 성장의 탐욕에 따라 하나님의 감찰을 멀리한 교권의 횡
포 아래 너무나 왜곡되고 있음을 보게 됩니다. 말씀이 상품이 되고
말씀을 전하는 이는 삯꾼이 되고 있습니다. 그리고 교인은 제 입맛
에 맞는 말씀을 찾는 고객이 되고 있습니다. 교인이 아닌 고객은 소
유를 원합니다.

그러나 오늘 주님은 "네 소유를 팔아 가난한 자에게 주어라"고
말씀하십니다. 여기 우리 신앙의 걸림돌이 있습니다. 결국 우리도

이 청년처럼 근심할 것입니다. 오늘 주님이 주신 말씀에 근심하기 위해 이 자리에 왔습니다. 주님, 정직한 근심을 하게 하옵소서. 회개에 이르는 근심을 하게 하옵소서. 하나님의 뜻을 이루기 위한 근심을 하게 하옵소서. 주님, 비오니 아프녀라도 말씀이 말씀이게 하옵시고, 하나님으로 하나님 되게 하옵소서.

2016. 3. 20.(종려주일)

욥기 1:20-22, 마태복음 21:1-11, 디모데전서 6:7-10

• • •

이 때에 욥은 일어나 슬퍼하며 겉옷을 찢고 머리털을 민 다음에, 머리를 땅에
대고 엎드려 경배하면서(욥 1:20).

어느 날 탱크를 앞세우고 한강을 건넌 불한당에 환호하는 우리
에게 어린 나귀를 타고 오는 그리스도가 눈에 띄기라도 했겠습니
까? 오늘 교회의 호산나는 거짓이고 위선입니다. "가난한 집 아이
들이 수학여행을 경주 불국사로 가면 될 일이지, 왜 제주도로 배를
타고 가다 이런 사단이 빚어졌는지 모르겠다"라고 말한 어느 목사
역시 이 시간 종려주일 예배를 인도하고 있을 것입니다. 그의 눈에
비친한 어린 나귀가 보이기나 할지 모르겠습니다. 그러나 그 목사
속에 비친 제 모습을 봅니다. 숨기다가도 불쑥 솟아오르는 성장하
고 싶은 욕망이 있습니다.

성공한 쿠데타 못지않은 성공한 목회를 이루고 싶어 합니다. 우
리는 힘을 바랍니다. 우리는 거룩을 원하지 않습니다. 우리는 평화
의 행진을 원하지 않습니다. 즐비한 살상 무기와 군사의 대열에 더
믿음이 갑니다. 크고 높고 많고 편한 것에 익숙한 우리에게 어린 나
귀의 주님은 불편합니다. 우리는 주님의 예루살렘 입성의 의미를
제자들처럼 모릅니다. 죽으러 가는 길입니다. 우리의 무지한 신앙

그리고 무례한 신앙이 이 실용성의 시대에는 신앙으로 정당화됩니다. 여기 십자가는 없습니다. 그저 장식일 따름입니다.

주님, 오늘 호산나가 평화를 일깨우는 불편한 노래이게 하옵소서. 내 더럽혀진 영혼을 씻어내는, 겨울을 이긴 봄의 노래이게 하옵소서.

2016. 4. 10.(부활절 셋째 주일, 씨뿌림주일)

시편 139:1-12, 디모데후서 1:15-18

• • •

그대도 알다시피, 아시아에 있는 사람이 모두 나를 버렸습니다. 그들 가운데
는 부겔로와 허모게네가 들어 있습니다(딤후 1:15).

움직이지 말고 대기하라는 선내 방송이 교정되지 않고 반복되는 동안, 가
만히 기다리라는 판단을 내렸던 선장 및 다수 선원들은 자신들이 내렸던
판단을 망각하고, 판단의 효과를 망각하고, 판단의 비극을 망각하고 화급
히 움직여서 위태로운 배를 빠져나갔습니다. 판단의 주체는 사라지고 주
체로부터 잊힌 판단의 목소리만이 배가 침몰되기 직전까지 유령처럼 독가
스처럼 떠돌았습니다(김행숙, 『눈먼 자들의 국가』 23-24쪽).

알고 보니 그 판단의 주체도 더 거대한 괴물의 지시를 받은 객체
였습니다. 이후부터는 더욱 정상적이지 않았습니다. 세월호 이후에
경기景氣가 나빠졌다고 말합니다. 세월호 이후의 상황들이 모두 그
가족들 탓이라고, 이 상황을 오래 끌어 이리되었다고 말합니다. 경
기가 글쎄 세월호도 아니고, 심지어 그 가족 때문에 나빠졌다는 것
입니다. 선거 한 번으로 모든 잘못을 덮어 버리기도 합니다. 우리는
여전히 하라는 대로 가만히 있습니다. 우리에게 주인의식은 없습니
다. 당연히 민주주의는 없습니다.

주님, 기억을 지우려는 세력과 기억하려는 세력이 있습니다. 주님을 죽여 땅에 묻은 무리는 기억의 압살자들이었습니다. 그러나 주님의 제자들은 그들로부터 주님을 일으켜 기억을 부활시켰습니다. 오늘 나는 어디에 있나요? 망각의 물결에 휘청거리는 제 모습을 불쌍히 여겨 주옵소서. 오늘 이 시간 작은 역지사지의 영성이라도 쌓아 세월호 그 가족들의 마음에 들어가게 하옵소서.

2016. 4. 17.(부활절 넷째 주일, 장애인주일, 4.19혁명기념주일)

마태복음 11:16-19, 에베소서 4:11-16

• • •

우리는 이 이상 더 어린아이로 있어서는 안됩니다. 우리는 인간의 속임수나, 간교한 술수에 빠져서, 온갖 교훈의 풍조에 흔들리거나, 이리저리 밀려다니지 말아야 합니다(엡 4:14).

그대 머무는 처소를 하나님으로 채우지 않으려거든
영원에 이르는 다리를 건널 생각을 말라

나는 오늘도
파릇파릇한 봄뜰을 그대와 함께 거닐고 있거늘,
그대는 어디로 나를 찾아 헤매 다니느냐
_ 고진하, 〈봄〉

주님 뵌 지가 오래되었습니다. 제 마음 둘 데가 없는 세상에 살고 있지만, 여전히 세상에서 뭘 찾으려고만 할 뿐, 가장 가까이 내 안의 주님을 찾지는 않습니다. 아직 우리는 주님의 마음을 헤아리지 못해 그 마음으로 살아가지 못합니다.

무슨 일을 하든지 사람에게 하듯이 하지 말고, 주님께 하듯이 진심으로 하십

시오(골 3:23).

사도의 가르침이지만 주님의 마음을 저 한쪽 구석으로 밀어낸 우리가 어찌 고난 당하고 억울함을 당하고 불한당 만난 이웃에게서 하나님을 볼 수 있겠습니까? 교회에 찾아온 노숙자에게 몇 푼을 주고서 따뜻한 말 한마디 없이 돌아설 때, 어서 쫓아낼 마음만 있었을 뿐, 주님이 가지셨던 마음의 온기는 온데간데없었습니다. 마음으로 대하지 못했습니다. 그냥 몇 푼일 뿐, 거기 제 마음은 담겨있지 않았습니다. 그래서 세월호 아이들도 이젠 그만 잊자고 하고 법외노조가 된 참교육 노동자를 색깔로 덧입히고, 살인적인 해고를 당한 비정규직 노동자들의 절규도 돈 더 받자고 하는 일이라 조롱하고, 내 아이 아니라고 학대당하는 어린아이에게 그냥 혀만 찰 뿐이며, 생존의 위기에 몰려 자살한 이웃 노인 이야기도 가십거리로 떨어뜨립니다. 주님, 마음을 잃었습니다. 내 안의 중심에 있어야 할 주님 마음을 구석으로 몰아넣었습니다.

주님, 이 시간 하나님의 마음을 회복하고 주님의 마음을 배우고자 왔습니다. 우리를 불쌍히 여기시어 거룩한 마음을 회복하게 하옵소서.

2016. 5. 1.(부활절 여섯째 주일, 어린이주일)
고린도전서 6:6-16
•••

"음식은 배를 위한 것이고, 배는 음식을 위한 것입니다." 그러나 하나님께서
는 이것도 저것도 다 없애 버리실 것입니다. 몸은 음행을 위하여 있는 것이
아니라, 주님을 위하여 있는 것이며, 주님은 몸을 위하여 계십니다(13절).

더 이상 푸른 하늘을 날 수 없는 새들, 더 이상 달릴 수 없는 푸른
벌판의 냇물입니다. 하늘을 날고 벌판을 달려야 이들이 미래에 이
나라의 일꾼이 될 수 있지만, 아이들은 우리가 친 경쟁의 덫에 걸려
버거워합니다. 우리 교육이 이미 학대를 전제합니다. 소파 방정환
선생님의 말이 생각납니다.

"아이를 내려다 보지 말고 쳐다보아 주시오."

선생님은 아이들을 즐겁게 해 달라, 항상 칭찬해 달라, 몸을 자
주 살펴 달라, 책을 늘 읽게 해 달라 그리고 내일을 위해 잘 키우자
약속하셨습니다. 그러나 우리는 그 약속을 어기고 살아갑니다. 아
이들을 즐겁게 해 주지 않았고 칭찬하지도 않았고 어린아이의 몸을
살피지도 않았고 책을 읽게 하지도 않았습니다. 그리고 어두운 세
상에 아이들을 억지로 밀어 넣었습니다. 우리의 교육은 비뚤어져

있습니다. 아이들의 채널이 어른의 욕심에 맞춰져 있습니다. 정말 변해야 할 것은 어린아이들이 아니라 미숙하기 그지없는 어른들인 우리입니다. 주님, 아이들의 본이 되지 못한 우리가 어리디어린 어른이 되어가는 부끄러움에 고개를 숙이며 참회의 기도를 드립니다.

2016. 5. 8.(부활절 일곱째 주일, 어버이주일)
누가복음 15:11-24

• • •

그는 일어나서, 아버지에게로 갔다. 그가 아직도 먼 거리에 있는데, 그의 아버지가 그를 보고 측은히 여겨서, 달려가 그의 목을 껴안고, 입을 맞추었다 (20절).

산나물 캐고 버섯 따러 다니던 산지기 아내
허리 굽고, 눈물 괴는 노안이 흐려오자
마루에 걸터앉아 먼 산 바라보신다
칠십 년 산그늘이 이마를 적신다
버섯은 습생 음지 식물
어머니, 온몸을 빌어 검버섯 재배하신다
뿌리지 않아도 날아오는 홀씨
주름진 핏줄마다 뿌리내린다
아무도 따거나 훔칠 수 없는 검버섯
어머니, 비로소 혼자만의 밭을 일구신다.
_ 반칠환, 〈어머니 5〉

어머니, 아버지의 그 검버섯에는 이름이 달려 있습니다. 자식 이름입니다. 그러나 한 번도 나 때문에 힘들다 하지 않으셨습니다. 자식을 위해 스스로를 버리셨던 그 날들 앞에 부끄럽습니다. 부모 공경으로 땅에서 장수하리라는 약속.에서 땅이라면 몰라도 장수하리라는 약속은 시큰둥한 우리이기에 이 약속조차 가슴에 새겨지지 않습니다. 주님, 다시 돌이킬 수 없는 세월 앞에 겸허하게 하시어 내 자식을 위해서라도 우리 부모에게 그 마음을 배우게 하옵소서.

2016. 5. 15.(성령강림주일, 5.18민주화운동기념주일)

마태복음 18:21-35

• • •

> 그러자 주인이 그 종을 불러다 놓고 말하였다. '이 악한 종아, 네가 애원하기
> 에, 나는 너에게 그 빚을 다 없애 주었다. 내가 너를 불쌍히 여긴 것처럼, 너도
> 네 동료를 불쌍히 여겼어야 할 것이 아니냐?'(32-33절)

빚진 우리가 또다시 퇴색한 '5.18'을 만납니다. 빚을 갚지 않았기 때문입니다. 보상을 주고 유공자로 세우는 순간, '5.18'은 박제가 되었습니다. 죽은 이들만이 억울할 뿐입니다. 그 빚이 갚을 수 없는 빚이라고 갚지 않아도 된다는 해괴한 생각에 이를 때 우리는 빚을 갚은 사람인 양 뻔뻔해집니다. '5.18' 36년, 민주주의는 퇴행하고 말았습니다. 이 빚을 갚지 못해 가해자 없는 피해자의 사건은 반복됩니다. 아무도 책임지지 않습니다.

주님, 2,000년 전 주님의 고난과 죽음에서 죄를 탕감받은 이들이 은혜받은 자의 삶을 살기 위해 교회는 세워졌습니다. 갚을 수 없는 빚이기에 갚지 않아도 되는 빚이 아니라 그 빚인 죄를 용서받은 은혜의 삶을 살아야 했습니다. 그 은혜의 삶은 용서하고 화해하는 삶이지만 우리는 갚지 않아도 되는 뻔뻔함으로 살아갑니다. 여전히 자기 의를 내세우고 서로에게 상처를 주는 우리 삶임을 고백하며 참회의 기도를 드립니다. 이 성령의 계절에 용서할 용기의 영이, 화해할 겸손의 영이 임하게 하옵소서.

2016. 5. 22.(성령강림 후 첫째 주일, 도시 · 농어촌 선교주일)

마태복음 18:21-35

•••

그랬더니 종이 그 앞에 무릎을 꿇고, '참아 주십시오. 다 갚겠습니다' 하고 애원하였다. 주인은 그 종을 가엾비 여겨서, 그를 놓아주고, 빚을 없애 주었다 (26-27절).

오늘 우리 사회의 일상이 되어 버린 분노, 차별, 살인, 폭력, 경쟁, 자살과 자해의 모습을 봅니다. 안에는 증오, 적개심, 절망, 혐오, 자기 비하가 짙게 깔려 있습니다. 그래서 서로 다른 것을 인정하지 않는, 용납하지 않는, 그래서 화해할 수 없고 용서할 수 없는 우리 모습입니다. 숨이 막힙니다. 질식할 것 같은 우리네 삶입니다. 숨 쉴 틈이 없습니다. 일에 쫓기고 돈에 쫓기며 숨을 헐떡입니다. 우리 아이들이 숨 쉴 틈이 없습니다. 입시, 학업, 취업, 이 모두가 치열한 다툼입니다. 남의 목을 졸라야 내가 숨을 쉬는 형국입니다. 어쩌다가 우리 사회가 이렇게 되었는지 모르겠습니다. 이런 불의한 사회 역시 우리가 만든 것임을 부정할 수 없습니다.

주님, 이 시간 우리 자신부터 봅니다. 가족, 이웃, 교우, 직장동료에 이르기까지 나와 삶을 나누고 있는 이들을 살펴봅니다. 혹 생각하면 불편한 이들이 있습니까? 이해가 안 되는 이들이 있습니까? 더불어 마음을 나누는 것이 그렇게 힘이 드나요? 서로의 목을 죄는 우리는 아닌가요? 가장 가까운 남편과 아내, 부모와 자식은 어떤가요? 혹 서로를 옥죄고 있는 것은 아닌가요? 모두가 서로에게 손가락질하며 '너 때문에'라고 하지 않나요?

오늘 이 참회의 시간 그 손가락을 내게로 돌리게 하옵소서. 닫힌 내 마음을 열게 하옵시고 애초부터 주님으로부터 받은 엄청난 은총을 일깨우게 하옵소서. 이 성령의 절기에 거룩한 영으로 서로에게 숨을 불어 넣는 거룩한 삶을 허락하여 주옵소서.

2016. 5. 29.(성령강림 후 둘째 주일)

출애굽기 18:13-27

●●●

> 하나님이 명하신 대로, 자네가 이와 같이 하면, 자네도 일을 쉽게 처리할 수
> 있을 것이고, 백성도 모두 흐뭇하게 자기 집으로 돌아갈 걸세(23절).

다시 주님을 부릅니다만 주인처럼 여기지 않고 제 생각과 욕심
대로 살아왔음을 부끄러운 마음으로 고백합니다. 하나님이라는 이
름이 하나를 가리키는 숫자가 아니라 너와 나, 그대가 하나 되기를
바라는 분이기에 하나님이시라는 것을 잊고 살아갑니다. 하나가 되
기 위해 다른 것을 인정할 수 있어야 한다는 것을 알지 못합니다.
자기 생각 안에 갇혀 다른 이의 생각을 받아들이지 못합니다. 늘 혼
자 생각하고 혼자 판단합니다. 때로는 자기 자신이 독단적인 사람
이라는 것을 전혀 모르고 살 때가 너무나 많습니다. 그로 인해 살면
서 좋은 사람들이 옆에 있었지만 자기 자신에게 매여 사람을 잃었
습니다. 하긴 잃었다는 사실조차 모를지 모릅니다. 내가 옳다고 화
를 누르지 못한 내 모습을 보면 한심하고 부끄럽습니다. 결국 스스
로 소외되고 고립되어 소통을 원하는 사람들이 없게 된다는 것을
모릅니다.

주님, 우리 개인만이 아니라 이 나라도 예외가 아닙니다. 불통에
익숙한 지도자를 만나 정치는 더 이상 협치가 되지 않고 있어 백성의

피로감만 가중되고 있습니다. 불통이 자신만이 아니라 얼마나 많은 백성을 힘들게 하는지를 알지 못합니다. 주님, 소통을 위해 먼저 나의 마음을 열게 하옵시고, 이 나라와 지도자들을 긍휼히 여겨 주시어 독단의 정치가 아니라 더불어 함께 소통하는 덕치를 할 수 있도록 신뢰를 회복하게 하옵소서.

2016. 6. 12.(성령강림 후 넷째 주일, 총회선교주일)

골로새서 4:7-9

• • •

내 모든 사정은 두기고가 여러분에게 알려드릴 것입니다. 그는 주님 안에서, 사랑하는 형제요, 신실한 일꾼이요, 함께 종된 사람입니다(7절).

녹색의 숨들이 당신이 만든 자연에서 헐떡입니다. 여름이 시작되었습니다. 이제 열매를 향해 고지가 바로 저깁니다. 취업을 앞둔 청년들과 가을 입시를 위해 더위를 이겨내는 어린 자녀들의 숨 가쁨이 미래를 향해 떠나는 선박의 고동 소리와 같습니다. 15살을 향해가는 산돌도 그렇습니다. 아직 미숙하기 그지없지만 살아 있는 돌, 그리스도로 쌓아가는 산돌입니다. 그래서 이 시간 묻습니다. 나는 살아 있는 바위인가? 주님은 갈릴리 어부에게서 바위를 보셨습니다. 오늘 우리는 내 안의 산돌을 주 안에서 발견하고자 이 자리에 왔습니다. 그러나 우리는 주님께 쓰이는 것을 두려워합니다. 이 두려움 때문에 교회의 거룩한 직분은 더 이상 거룩해 보이지 않습니다.

내가 그 자리에 없다고 그 자리마저 격하시키는 마음은 없었는지요? 나도 거룩하지 않고 남도 거룩하게 하지 못하는, 말 그대로 완장이 되어버리지는 않았는지요? 우리는 오는 주일에 완장 찰 사람을 뽑는 것이 아니라 주님의 종으로, 믿음의 형제로 평생 함께 가는 이들을 선택하려고 합니다. 그 자리는 지금은 아니더라도 언젠

가는 내 차례일지 모릅니다. 우리 산돌에서 만난 것이 자랑이게 하옵소서. 서로를 형제로 부르는 날들이 영원한 자부심으로 남는 우리 교회를 이루게 하옵소서.

2016. 7. 10.(성령강림 후 여덟째 주일)

요한복음 15:12-15

•••

이제부터는 내가 너희를 종이라고 부르지 않겠다. 종은 그의 주인이 무엇을 하는지를 알지 못한다. 나는 너희를 친구라고 불렀다. 내가 아버지에게서 들은 모든 것을 너희에게 알려 주었기 때문이다(15절).

"너희는 나의 친구다." 주님이 오늘 우리에게 던져 주신 화두입니다. '친구'라는 말에 다정함, 구수함, 듬직함이 느껴지지만, 주님이 하신 말씀이기에 오히려 걸림입니다. 좋을 때는 다 친구입니다. 그러나 어려울 때는 그렇지 않습니다. 저 자신도 그렇습니다. 주님이 친구하자고 한다면 저는 거절할 것입니다. 주님의 인생을 알기 때문입니다. 주님이 무소불위의 권력 앞에서 고난받을 때, 저는 거기 함께할 수가 없습니다. 힘들어하는 이웃을 보고도 아무렇지도 않게 지나치는 데 익숙한 우리입니다. 이웃의 아픈 비명이 들려와도 그 고통을 듣는 우리 신앙의 신경은 무뎌져 있습니다. 가장 보잘 것없는 이웃으로 오시는 주님은 여전히 외톨이입니다.

그러나 오늘 주님은 조용히 우리에게 다가오십니다. 그리고 주님은 우리가 힘들 때마다 우리 곁을 지켜 주시며 친구를 위해 목숨을 내놓은 주님 마음을 전해 주십니다. 주님은 한 번 사랑하면 영원히 사랑하십니다. 이 시간 목숨을 내어주는 친구 앞에 또다시 부끄러운 마음으로 섰습니다. 한없이 머리를 조아리며 살아야 하건만 이 교회를 나서는 순간, 우리는 뭔가 된 사람처럼 고개를 뻣뻣하게 들고 또 살아갈 것입니다. 주님, 우리도 누군가의 마음에 친구로 남는 삶, 곁에만 있어도 아름다운 눈물이 흐르는 친구로 남는 삶을 살게 하옵소서.

2016. 7. 17.(성령강림 후 아홉째 주일)

출애굽기 32:1-10

•••

백성은, 모세가 산에서 오랫동안 내려오지 않으니, 아론에게로 몰려가서 말하였다. "일어나서, 우리를 인도할 신을 만들어 주십시오. 우리를 이집트 땅에서 올라오게 한 모세라는 사람은 어떻게 되었는지 모르겠습니다"(1절).

하나님을 믿는다 하면서도 하나님 앞에서 하나님 없이 살아왔습니다. 알고 보면 하나님은 내가 바라는 것을 다만 투사할 대상일 뿐입니다. 더 솔직히 얘기하면 나의 욕망의 투사체입니다. 높은 데 계신 하나님, 전능하신 하나님, 무소부재하신 하나님, 풍성하신 하나님, 이 모두가 높은 자리를 차지하고 싶고, 원하는 대로 누리고 싶고, 가고자 하는 곳을 가고 싶고, 많은 것을 소유하고 싶은 나의 탐욕의 이름들입니다. "오히려 자기를 비워서 종의 모습을 취하시고, 사람과 같이 되신 주님"(빌 2:7), "자기를 낮추시고, 죽기까지 순종하시어, 십자가에 죽기까지 하신 주님"(빌 2:8)을 우리는 외면합니다. 내가 바라는 것이 아니기 때문입니다. 오늘도 금송아지를 앞에 두고 '우리를 구원해 주신 하나님'을 부르며 예배를 드리고 있는지도 모릅니다.

이것이 신앙이라고, 이것이 믿음이라고 확신하는 이 고집 센 우리가 다시 무릎을 꿇었습니다. 육의 무릎에 이젠 하나님도 식상하셨을 것입니다. 마음의 무릎을 꿇지 않고서는 결코 하나님을 볼 수 없다는 것을 깊이 깨닫게 하옵소서. 이젠 제발 더 이상 하나님을 내 욕망에 가두지 않게 하옵소서.

2016. 7. 31.(성령강림 후 열한째 주일)

마태복음 20:1-16

• • •

하늘 나라는 자기 포도원에서 일할 일꾼을 고용하려고 이른 아침에 집을 나선 어떤 포도원 주인과 같다(1절).

내 삶의 주인이시기에 '주님'이라고 부르며 습관적으로 기도하지만, 우리는 주님을 주인으로 여기지 않습니다. 우리에겐 돈이 주인이고 힘이 주인이고, 우리는 우리를 유혹하는 것들의 종입니다. 여전히 땅이 주인이지 하늘이 주인이 아닙니다. 서로에 대한 배려 없이 치열하게 싸우며 우위를 점하는 것이 우리네 일상의 삶입니다. 어느덧 경쟁의 노예가 되어 있고, 더불어의 삶은 존재하지 않습니다. 하늘 마음을 잃었습니다. 사람이 하늘이건만 나 자신은 물론 그 어떤 사람도 경외의 눈으로 보지 않습니다. 땅에 내동댕이쳐진 서로의 모습입니다.

오늘 주님은 하늘의 화두를 주십니다. "하늘 나라는 자기 포도원에서 일할 일꾼을 고용하려고 이른 아침에 집을 나선 어떤 포도원 주인인 사람이다." 하늘 나라가 사람이라고 하십니다. 하늘 나라는 저 공중 하늘에 있는 것이 아니라 사람 속에 있다고 하십니다. 주님, 위의 것을 바라보게 하옵소서. 이른 아침부터 더불어 하늘 일을 하려는 사람을 찾기 위해 집을 나선 주인인 바로 나 자신, 우리 산돌이 그 하늘을 꿈꾸게 하옵소서.

마태복음 20:1-16

• • •

그는 품삯을 하루에 한 데나리온으로 일꾼들과 합의하고, 그들을 자기 포도원
으로 보냈다(2절).

무더위 속에서도 잠자리는 한가롭게 하늘을 비행합니다. 사람
사는 이 땅에서는 언제나 갈등과 반목, 아픔과 한숨이 그칠 날이 없
지만, 자연의 생명은 자기 몫의 삶을 여유롭게 살아갑니다. 공중 나
는 새를 보라고, 들에 핀 백합화를 보라고 주님은 말씀하셨지만 우
리는 여전히 우리 욕심만을 바라볼 뿐입니다. 새는 비우기에 나는
삶을 삽니다. 들꽃은 비교하지 않기에 스스로의 아름다움에 행복합
니다. 먼저 온 자와 나중 온 자를 비교하고, 먼저 왔으니 나중 온
자보다 더 가져야 한다고 주장하는 제 욕망의 의에 사로잡혀 무겁
습니다. 주인은 살리려는데, 우리는 누르고 싸우고 죽입니다.

오늘, 살리는 주인이 우리를 부르셨습니다. 하나님의 포도원에
들어가 하나님의 일을 하라고 부름을 받은 우리 인생입니다. 이른
아침 일찍 부름 받은 자도 있고, 해 질 무렵에야 부르심을 받은 사람
도 있습니다. 일찍 왔다고 기득권을 주장할 것도 없습니다. 늦게 왔
다고 기죽을 필요도 없습니다. 누구나 인생은 한 번 인생, 한 데나
리온의 애환입니다. 필요한 것은 그 한 데나리온일 뿐입니다. 오늘

언제 주인이 부르시건, 한 번밖에 없는 인생에 주인의 뜻을 깨닫고, 사는 것이 뭔지나 알자며 이 자리에 나왔습니다. 우리의 더러움을 씻어 주옵소서.

2016. 9. 11.(창조절 둘째 주일, 교회연합주일, 한가위감사주일)

누가복음 17:20-37

• • •

그러나 그는 먼저 많은 고난을 겪어야 하고, 이 세대에게 버림을 받아야 한다.
노아의 시대에 일이 벌어진 것과 같이, 인자의 날에도 그러할 것이다(25-26절).

다시 달이 차오르며 한 해의 결실을 누리는 한가위 중추절입니다. 해마다 다시 찾아오는 명절입니다. 늘 그랬듯이 고향을 향하고 부모를 찾고 조상들께 제를 올립니다. 형제들, 일가친척들이 모여 먹고 마시고 즐깁니다. 별일 없는 듯이 보입니다. 바뀌지 않을 일상처럼 보입니다. 우리에게 역사는 없는 듯합니다. 우리는 무뎌져 갑니다. 피리를 불어도 춤추지 않고, 곡을 해도 울지 않습니다. 수확을 두고 나눔의 마음으로 서로를 적셨던 옛사람의 이야기만 전해질 뿐입니다. 무책임한 대량 살상과 참혹하고 억울한 사고에도 쉬 피로가 오는 체질로 바뀌었습니다. 노란 리본은 지겹습니다. 위안부라는 말만 들어도 피로감이 몰려옵니다. 아무것도 밝혀진 것이 없는데도 이제 그만하자고 합니다.

오래전 옛 선조들은 저녁노을이 질 때 연기가 나지 않은 집만 봐도 밤에 몰래 저마다 곡식을 밀어 넣고 갔습니다. 이웃의 고픈 배가 내 배임을 안 것이지요. 오늘 주님은 우리에게 묻습니다. "너의 아우 아벨이 어디에 있느냐?" 우리는 대답합니다. "모릅니다. 제가 제 아우를 지키는 사람입니까?"易地思之_{역지사지}의 영성이 메마른지, 오래되었습니다. 주님, 참회의 눈물이 흐르지 않습니다. 주님, 차오르는 달처럼 이 예배로 우리의 눈물이 따뜻한 9월의 강물이 되어 세상을 적시게 하옵소서.

2016. 9. 25.(창조절 넷째 주일)

창세기 9:8-17

•••

내가 너희와 언약을 세울 것이니, 다시는 홍수를 일으켜서 살과 피가 있는 모든 것들을 없애는 일이 없을 것이다. 땅을 파멸시키는 홍수가 다시는 일어나지 않을 것이다(11절).

늦장마가 지루할 정도로 길게 느껴집니다. 이러다가는 세상에 하늘이 없는 줄 알 것만 같습니다. 무서운 것은 하늘 없는 세상에 익숙해져 가는 내 모습입니다. 세상에서 하늘 무서운 줄 모르는 사람이 되어가고 있습니다. 죄악이 세상에 가득 찼다는 것을 모를 정도로 죄에 둔해지고 아니 익숙해져 가고 있습니다. 먹고 사는 것만도 숨이 차다고 선을 행하는 것이 사치처럼 느껴지기도 합니다. 가난하고 약한 이웃이 불한당을 만나도 내 일이 아닙니다. 악을 만나도 피해서 가거나, 심지어는 악과 악수를 하기도 합니다. 영혼 없는 삶을 택한 지가 오래입니다. 옛글 하나가 마음에 다가옵니다.

與一利 不若 除一害여일이 불약 제일해
하나의 이익을 얻는 것이 하나의 해를 제거함만 못하고,
生一事 不若 滅一事생일사 불약 멸일사
하나의 일을 만드는 것이 하나의 일을 없애는 것만 못하다(야율초재).

악을 제거하는 것, 죄를 없애는 것 없이는 선도 의도 존재하지 않는다는 것을 모르고 살아갑니다. 이런 기도가 우리 교우들을 피곤하게 할 것 같습니다. 세상 적응하기도 힘든데 악을 제거하라니, 죄를 없애라니…. 정말 피곤한 교회입니다. 그러나 산돌교회입니다. 영혼이 살아 있는, 돌같이 단단한 교회입니다. 그 돌은 악을 향해 던질 수 있는 돌이어야 한다는 것을 깨닫게 하옵소서. 우린 아직도 그 돌이 떡이 되게 하라는 유혹 속에 살고 있을지 모르겠습니다. 주님, 돌을 들기에도 내 팔이 버겁습니다. 혹 돌 위에 돌 하나도 남김없이 무너지는 교회가 될까 두렵습니다. 그러나 주님, 우리 각자 살아 있는 돌이 되어 세상의 악을 이기는, 세상을 살리는 삶을 감당하게 하옵소서.

2016. 10. 2.(창조절 다섯째 주일, 세계성만찬주일, 군선교주일)

창세기 4:17-24

• • •

가인을 해친 벌이 일곱 갑절이면, 라멕을 해치는 벌은 일흔일곱 갑절이다(24절).

주님, 우리 죄를 사함 받기 위해 주께서 주신 참회의 자리에 다시 섰습니다. 하지만 다른 사람과 비교 속에서 죄는 무뎌지고 부끄러움은 사라집니다. 오히려 죄를 합리화시키며 위장과 변명에 익숙해지고 있습니다. 분노와 원망을 조절하지 못하고 화를 내면서도 멈출 줄 모르며 남의 탓을 하며 내 잘못이 외려 정당하다고 스스로 위안을 삼습니다. 주님, 여기서 어찌 진정한 참회가 나오겠습니까?

낮에 드리는 참회와 밤에 격정으로 고백한 참회가 다릅니다. 신앙도 그렇습니다. 욕심으로 드리는 기도와 하나님의 거울 앞에서 나를 성찰하려는 기도가 공존합니다. 솔직히 이중인격, 아니 다중인격임을 실토하지 않을 수 없습니다. 오늘도 사람에게 인정받으려는 나와 하나님에게 진술하려는 내가 갈등하고 있습니다. 이제 이것도 피로감으로 다가옵니다. 변하지 않는, 굳어버린 나 자신에 스스로 실망하고 맙니다. 아직 한 번도 가을 나무 낙엽들처럼 옷을 벗어본 적이 없습니다. 아직도 더 많은 옷으로 입어 더러운 마음과 삶을 가리려고 합니다. 언젠가 하나님을 만나는 인생의 겨울이 오면

그 부끄러움을 어떻게 감당할까 두려운 마음으로 이 시간 참회의
기도를 드립니다.

2016. 10. 9.(창조절 여섯째 주일)

창세기 4:1-7

• • •

네가 올바른 일을 하였다면, 어찌하여 얼굴빛이 달라지느냐? 네가 올바르지
못한 일을 하였으니, 죄가 너의 문에 도사리고 앉아서, 너를 지배하려고 한다.
너는 그 죄를 잘 다스려야 한다(7절).

주님, 오늘 570돌 한글날입니다. 백성을 사랑하는 마음으로 세
종대왕이 만든 우리 글입니다. 너무나 자랑스럽고 감사합니다. 그
러나 백성에 대한 사랑은 사라지고 약자에 대한 혐오만 커져갑니
다. 사회적 약자의 하나님임을 기억하게 하옵소서. 주님, 추수 감사
를 한 주일 앞두고 있지만 심란한 마음입니다. 감사에 대한 이야기
를 나누어야 하는데, 차마 "감사합니다" 하고 고백할 수가 없기 때
문입니다. 돌아보면 감사한 일이 왜 없겠습니까? 개인적으로든 우
리 공동체적으로든 우리는 참 많은 은혜를 입고 살았습니다. 돌아
보면 그저 눈시울이 뜨거워지는 나날이었습니다. 그럼에도 불구하
고 차마 감사하다고 말할 수 없는 것은 가슴이 무너져 내린 이들이
우리 주변에 많이 있기 때문입니다.

태풍으로 가까이 울산과 부산에서, 더 멀리 아이티에서 가족을
잃고 사고를 당한 이들이 있습니다. 세월호는 아무것도 밝혀지지
않은 채 900일이 지났습니다. 국가폭력에 희생당한 한 농민을 두고

122 | 전에는… 이제는…

사인의 진실을 흔들고 있습니다. 약속한 쌀값 21만 원에 훨씬 못 미치는 쌀 수매가는 농부들을 실망을 넘어 분노로 몰아갑니다. 북한의 핵실험과 군사적 효용성도 없는 사드 배치로 남북의 긴장은 고조되고, 가난하고 병든 북의 동포들의 절규가 아벨의 피처럼 끓습니다. 위안부 할머니에게 털끝만큼의 사과도 못 한다는 일본 수상의 말에 입을 다문 정부의 모습은 참담합니다. 너무 오랫동안 아무것도 해결되지 않은 극도의 피로감이 이런 이야기의 끝이기에 더 힘이 듭니다.

주님, 감사한 게 죄가 되는 세상에 살고 있습니다. 감사가 있다 해도 차마 말할 수 없습니다. 그러나 오늘 피로감을 딛고 하는 이 기도는 원망과 불평을 위해서가 아니라 오늘 우리에게 이웃들을 위한 작은 역할이 있음을 다짐하고자 하는 것입니다. 주님, 억울한 이들의 죽음과 고통을 끝까지 기억하는 우리 산돌교회, 산돌 교인이 되는 성숙함을 주옵소서. "지극히 보잘것없는 사람 하나에게 한 것이 곧 내게 한 것이다"(마 25:40) 말씀하신 주님을 붙듭니다. 이 말씀이 삶이 되기 위해 우리의 감사 열매는 성령의 열매임을 다시 확인하며 '나'라는 나무에 열린 과실을 살피는 참회의 기도를 드립니다.

2016. 10. 30.(창조절 아홉째 주일, 종교개혁주일)

마태복음 6:5-13

• • •

> 그러므로 그들을 본받지 말아라. 하나님 너희 아버지께서는, 너희가 구하기
> 전에, 너희에게 필요한 것이 무엇인지를 알고 계신다(8절).

주님, 오늘 종교개혁 499주년입니다. 교회의 권력 및 부와 결탁
한 음모와 정치 공작, 면죄부와 성물 판매, 성직자의 타락은 교회의
영적인 권위를 와해시켰습니다. 이로 인해 개신교가 시작되었습니
다. 그 이름은 프로테스탄트입니다. 불의의 힘과 권력에 저항한다
는 의미입니다. 그러나 이제 개신교는 더 이상 저항하지 않습니다.
오히려 불의한 권력과 결탁하고 그들을 옹호하는 邪教사교가 되고
있습니다. 성직자는 더욱 타락했습니다. 교회를 세습화하고 각종
횡령과 배임, 추문으로 얼룩져 있습니다. 이단을 규정하고 심판하
지만, 오히려 우리 개신교가 이단의 길을 걷고 있습니다. 먼저 살펴
야 할 도덕과 윤리, 역사와 사회의식, 양심과는 달리 요사스러운 신
비감으로 사람을 미혹하는 마약의 신앙이 판을 치고 있습니다. 이
미 오래전, 기도는 탐욕을 미화하는 도구로 전락했습니다. 잘못된
사제의 가르침이 얼마나 사람들의 마음을 황폐하게 하는지 부끄러
울 따름입니다.

지난 일주일, 우리 국민을 공황으로 몰고 갔던 국정 농단도 사이

비 종교를 구별하지 못한 지도자의 모습이 만든 것이었습니다. 주님은 우리에게 "너희는 먼저 하나님의 나라와 하나님의 의를 구하여라"(마 6:33)고 말씀하셨습니다. 그러나 우리는 하나님의 나라보다는 탐욕스러운 나의 나라를 구하고, 하나님의 의를 구하기보다는 세상의 불의한 힘에 의지하려고 합니다. 주님, 이 모두가 먼저 목회자가 잘못 가르쳤음에 있음을 고백합니다. 교역자로 아프지만 바른 말씀을 전하고, 불의에 맞서는 프로테스탄트의 길을 가도록 기도하게 하옵소서. 그리하여 부끄럽지 않은 주님의 몸 된 교회를 이루게 하시며 극도의 혼란에 있는 이 나라와 이 민족에게 희망이 되게 하옵소서. 이제 다시 주님이 가르쳐 주신 기도를 배우게 하옵소서.

2016. 11. 6.(창조절 열째 주일)

마태복음 6:5-13

• • •

너희는 기도할 때에, 이방 사람들처럼 빈말을 되풀이하지 말아라. 그들은 말을 많이 하여야만 들어주시는 줄로 생각한다(7절).

주님, 나라가 邪教(사교)에 빠져 꼭두각시 최고 지도자를 조종하는 사이비 무당의 국정농단으로 혼란스럽습니다. 그를 내려오게 하고 그와 그 사이비 집단과 그 권력을 비호하는 이들을 준엄한 법의 심판으로 다스려야 한다는 백성의 소리가 높습니다. 당연지사인데도 아직 그 권력에 미련이 있는 정치인들 그리고 동정심에 의존하는 사람들, 통치자를 신앙 숭배하고 있는 어리석은 사람들이 있습니다. 이들 모두가 마약을 먹었습니다. 정치인들은 표밖에 보이지 않고, 지도자는 상식을 잃어버린 거짓 신비에 휩싸였습니다. 일개 비천한 사이비 무녀에 농락당한 것입니다. 모두가 보아야 할 것을 보지 못하고 상식을 잃고 평정심을 잃었습니다.

그러나 이제 이들만 처단하면 될까요? 그런 지도자를 뽑은 백성인 우리는 무엇입니까? 그를 뽑은 백성인 우리의 책임은 그냥 지나쳐도 될까요? 우리는 지금 제대로 보고 있는 것일까요? 우리 눈에 지금 무엇이 끼어 이런 선택을 한 것일까요? 백성 스스로 이것을 성찰하지 않는 한, 민이 주인인 민주주의는 없습니다. 우리는 사람과 사건을 있는 그대로 볼 수 있는 깨끗한 눈, 거룩한 마음을 잃었습니다. 우리 기독교의 성령은 더 이상 더러운 마음을 씻은 깨끗한 영이 아닙니다.

성령강림은 오래전부터 신내림으로 전락했습니다. 마음과 삶은 변하지 않고 열광주의만 남았습니다. 도덕과 윤리, 사람됨, 사회의식과 역사의식은 사라지고, 오직 화는 면하고 복만을 받고 싶어 합니다. 기복주의만이 기독교 신앙의 중심에서 펄럭입니다. 주님의 십자가가 사라진 지 오래고 그렇기에 자기 십자가를 고백하는 교회는 찾아볼 수 없습니다. 말씀 없는 거짓 성령만이 뜨거운 열광주의로 표현될 뿐입니다. 남과 북, 동과 서로 아무리 달려가도 하나님의 말씀을 들을 수 없습니다. 말씀이 기갈인 시대입니다. 그럼에도 불구하고 우리는 아직 우리 눈을 씻지 못합니다. 굳이 사이비 종교가 아니더라도 탐욕, 시기, 질투, 이기심, 원망, 불평이 우리의 사람 보는 눈을 흐려 놓았습니다.

주님, 오늘 우리의 참회를 받아 주시옵고 거룩의 눈을, 깨끗함의 마음을 회복하게 하옵소서. 그리하여 우리로 하나님의 이름을 거룩하게 하는 삶을 살게 하옵소서. 이제 다시 거룩을 추구하는 주님이 가르쳐 주신 기도를 배우게 하옵소서.

그러므로 그들을 본받지 말아라. 하나님 너희 아버지께서는, 너희가 구하기 전에, 너희에게 필요한 것이 무엇인지를 알고 계신다(8절).

주님, 입동 지난 늦가을을 알리는 은행잎이 아름답게 바래고 있습니다. 그리고 한 잎 두 잎 떨어집니다. 이제는 벗어야 할 때입니다. 뿌리로 돌아갈 준비를 해야 합니다. 그러나 아직도 움켜쥐고 싶어 합니다. 무녀에 빠진 나라님도 불의한 권력의 맛에 취해 내려올 줄 모릅니다. 저마다 이게 나라냐고 분노를 터뜨립니다. 그런 나라님이 있는 나라가 나라겠습니까? 우리는 오늘 "당신의 나라가 오게 하여 주옵소서"라고 기도합니다. 이 더럽혀진 나라가 깨끗이 씻기어 거룩하신 하나님의 나라가 오게 해 달라고 주님이 가르쳐주신 기도를 늘 드립니다. 마치 하나님이 만들어 주시는 나라 같습니다. 우리는 그저 기도만 하면 이루어지는 나라 같습니다. "하나님께서 다 알아서 해 주소서." 이것이 좋은 신앙의 고백처럼 들려 옵니다. 내가 할 일은 없습니다. 불한당을 만난 이웃이 신음해도 하나님이 알아서 해 주실 것이라고 여기는 이것을 무지라고 해야 될까요? 비겁한 변명이라고 해야 될까요? 피조물의 신음소리가 스산한 가을 바람처럼 뼈에 스며드는데 우리는 제사장이나 레위인처럼 강도 만나 피 흘리는 이웃을 지나쳐 갑니다. 예배가 바빴나요? 하나님은 말씀하십니다.

나는, 너희가 벌이는 절기 행사들이 싫다. 역겹다. 너희가 성회로 모여도 도무지 기쁘지 않다. 너희가 나에게 번제물이나 곡식제물을 바친다 해도, 내가 그 제물을 받지 않겠다. 너희가 화목제로 바치는 살진 짐승도 거들떠보지 않겠다. 시끄러운 너의 노랫소리를 나의 앞에서 집어치워라! 너의 거문고 소리도 나는 듣지 않겠다. 너희는, 다만 공의가 물처럼 흐르게 하고, 정의가 마르지 않는 강처럼 흐르게 하여라(암 5:21-24).

2016. 11. 27.(대림절 첫째 주일)

요한복음 21:1-19

• • •

그 때에 예수께서 제자들에게 물으셨다. "얘들아, 무얼 좀 잡았느냐?" 그들이 대답하였다. "못 잡았습니다"(5절).

나를 아시는 주님, 그러나 주님의 거울 앞에 비친 나를 외면합니다. 도저히 참을 수 없었는데 주님은 기다리라 하십니다. 그러나 언제 튀어나올지 몰라, 내가 나를 믿을 수 없습니다. 나이 들수록 단순해지기는커녕 그런 나를 합리화시키려는 위장에 익숙해지고 있습니다. 화를 내면서도 멈출 줄 모르는 거짓 나의 노예가 되고 있는데도, 남 탓을 하며 내 화를 정당하다고 스스로 위안을 삼습니다. 부끄러운 약점과 실수투성이인데도 자신이 잘못을 여전히 남의 탓, 세상 탓으로 돌리는 비겁함을 모르고 살아가고 있습니다. 내 잘못은 감추고 다른 이의 사소한 허물은 들춰내면서 나 아니면 그런 얘기를 할 수 없다는 듯 어깨를 으쓱거립니다. 다른 이의 침묵을 겸손과 자기 성찰임을 알지 못합니다. 좀 더 기다리며, 좀 더 생각하며 좀 더 기도하지 않습니다.

저물어가는 올해, 제 마음 밭에는 알곡이 없습니다. 그저 버리고 싶은 가라지뿐입니다. 이제라도 제 마음 밭을 가꾸고 싶지만 살아온 날들만큼이나 강퍅한 마음은 이미 굳어져 있습니다. 이 완고한 마음, 온갖 편견과 선입견으로 다른 이들을 가차 없이 속단해 온 제가 어떻게 기다림의 계절에 들어가겠습니까? 주님, 이래도 기다려 주시겠습니까? 이래도 아직 기다리라고 하시겠습니까? 저를 저보다 잘 아시고, 저를 저보다 사랑하시는 주님 앞에서 한순간만이라도 고개를 숙이게 하옵소서.

2016. 12. 11.(대림절 셋째 주일, 성서주일, 인권주일)
마가복음 1:21-28

•••

나사렛 사람 예수님, 왜 우리를 간섭하려 하십니까? 우리를 없애려고 오셨습니까? 나는 당신이 누구인지 압니다. 하나님께서 보내신 거룩한 분입니다 (24절).

벌써 한 해의 끝이 다가옵니다. "'어느새'라는 말은 우리의 무방비한 자세를 폭로하는 것이지 시간의 냉혹함을 일깨우는 말은 아닙니다"(「기독교사상」, 2007년 12월호, "짧은 두레박"에서). 주님, 아직 올해를 마무리할 마음이 아닙니다. 더욱이 새해를 준비하지도 못했습니다. 촛불이 모여 나라를 밝혔는데도 한 사람의 어두운 마음은 무대의 눈부신 조명을 갖다 대도 밝아지지 않습니다. 약속이 있는 주님의 말씀도 내게 길이 되지 못합니다. 주님의 말씀이 부담스럽기 때문입니다.

이 부담 때문에 우리는 내 생각, 서로의 생각으로 주님의 말씀을 대신하며 왜곡합니다. 아무렇지도 않게 자연스레 말씀은 사라집니다. 말씀 없는 신앙이 자리 잡아 갑니다. 그저 내 욕심의 기도만이 있을 뿐, 주님의 말씀은 세상을 사는 데 거추장스러울 뿐입니다. 어느덧 성서에는 하얀 먼지가 쌓였습니다. 교회 직분은 그럴싸한데 말씀 없는 신앙, 예수 없는 믿음에 익숙해집니다. 사람의 소리만 무성한 교회가 되어버립니다. 우리의 귀는 이미 주님의 꾸짖음에 닫혀 있습니다. 제 귀에 듣기 좋은 말씀에만 열려 있습니다. 듣기 싫은 말씀에는 기억상실증입니다. 그런데 주님은 귀 있는 자는 들으라고 하십니다. 주님, 귀 없는 우리를 보는 참회의 자리가 되게 하옵시며 꾸짖음을 들을 수 있는 은총을 주옵소서.

2016. 12. 18.(대림절 넷째 주일)

누가복음 2:1-7

• • • •

마리아가 첫 아들을 낳아서, 포대기에 싸서 구유에 눕혀 두었다. 여관에는 그
들이 들어갈 방이 없었기 때문이다(7절).

2,000년이 지나도 여전히 요셉과 마리아 내외가 해산할 방이
없어 헤매는 오늘, 저를 부끄럽게 하며 참회의 자리에 서게 한 것은
75년 전 나치에 의해 죽임을 당한 막시밀리안 콜베 신부님 때문입
니다. 아우슈비츠 수용소를 탈출한 사람들을 대신해 처형당하도록
선발된 사람들 가운데 한 명의 고통을 보는 것을 견디지 못하여 "내
가 그 사람을 대신하게 해 주십시오. 저에게는 아내도 자식도 없습
니다" 하면서 굶겨 죽이는 아사餓死 감옥에 들어가 기도와 찬송과 함
께 독약 주사를 맞고 주님께로 간 콜베 신부님, 그는 요셉 내외에게
자기 방을 내어주었습니다. 방이 남아돌아도 내주지 않는 저에게
사제의 길이 무엇인가를, 주님을 믿는다는 제자의 길이 무엇인가를
주님은 죽비처럼 내리쳐 주십니다.

성탄이 세 번이 지나가도 세월호는 기억해야지 하면서도 사실
마음 한구석으로는 이젠 그만했으면 하는 신앙의 치매를 앓고 있는
나 자신입니다. 작은 피로감을 이기지 못해 여전히 자기 방에 누워
서는 요셉과 마리아를 마구간으로 내쫓아버립니다. 그래도 부끄러

움은커녕 뭐가 그렇게 불만인지 입이 이만큼 나온 거울 속의 나를 봅니다. 여전히 제 작은 상처만 아플 뿐이지 이웃의 중병에는 무감각한 문둥병 환자처럼 제 고름을 핥고 있습니다. 이른 아침, 이는 열심히 닦으면서 더럽혀진 마음을 닦는 데에는 그토록 게으른 제 삶을 돌아보며 재를 덮는 참회의 기도를 드립니다.

사회적 약자의 신음에
귀를 기울이며

| 2017년도 |

2017. 1. 1.(성탄절 둘째 주일, 새해주일)

마태복음 16:13-28

• • •

나도 너에게 말한다. 너는 베드로다. 나는 이 반석 위에다가 내 교회를 세우겠다. 죽음의 문들이 그것을 이기지 못할 것이다(18절).

1월 1일 아침에 찬물로 세수하면서 먹은 첫 마음으로 1년을 산다면,
학교에 입학하여 새 책을 앞에 놓고 하루 일과표를 짜던 영롱한 첫 마음으로 공부한다면,
사랑하는 사이가, 처음 눈을 맞던 날의 떨림으로 계속된다면,
첫 출근하는 날, 신발 끈을 매면서 먹은 마음으로 직장 일을 한다면,
아팠다가 병이 나은 날의, 상쾌한 공기 속의 감사한 마음으로 몸을 돌본다면,
개업 날의 첫 마음으로 손님을 언제고 돈이 적으나, 밤이 늦으나 기쁨으로 맞는다면,
세례성사를 받던 날의 빈 마음으로 눈물을 글썽이며 교회에 다닌다면,
나는 너, 너는 나라며 화해하던 그 날의 일치가 가시지 않는다면,
여행을 떠나던 날, 차표를 끊던 가슴 뜀이 식지 않는다면,
이 사람은 그때가 언제이든지 늘 새 마음이기 때문에
바다로 향하는 냇물처럼 날마다 새로우며 깊어지며 넓어진다
_ 정채봉, 『첫마음』

우리가 주님을 처음 알게 되고 믿게 되었을 때의 그 감격스러운

마음이 아직도 있습니까? 처음 교회에 나오고 처음 세례를 받고, 처음 직분을 받을 때의 첫 마음이 더 성숙해졌나요? 아니면 오히려 미숙해졌나요? 새해 우리 교회가 창립 15주년을 맞이하게 됩니다. 처음 교회를 함께 하자며 보았던 첫 마음은 아식도 있기는 한 것입니까? 그저 몸만 교회에 다니고 있는 것은 아닙니까? 새 식구가 와도 시큰둥하지 않습니까? 내 살림살이보다는 하나님의 살림살이를 소중히 여기던 첫 마음은 아직 있습니까? 나를 죽여 남을 살리는 신앙의 감격보다는 이젠 남을 죽여 나를 내세우겠다는 천박함을 기도하고 있지는 않습니까? 이젠 남편도 아내도 아이들도 새삼스럽게 보이지 않나요? 늘 같은 사람인가요? 권태기인가요? 자식이 웬수로 보이던가요? 문제는 다른 사람이 아닙니다. 바로 나 자신입니다. 이 시간, 새해 첫 시간 첫 마음을 회복하며 자신을 성찰하는 참회의 기도를 드립니다.

2017. 1. 8.(주현절 첫째 주일)

마태복음 6:9-13

• • •

그 나라를 오게 하여 주시며, 그 뜻을 하늘에서 이루심 같이, 땅에서도 이루어 주십시오(10절).

올해도 벌써 일주일을 다시 돌아오지 않는 낡은 시간으로 만들었습니다. 시간의 냉정함에 고개를 숙입니다. 주신 시간도 제대로 쓰지 못하면서 아직도 받은 것이 없다고 불평하며 사는 뻔뻔한 우리 모습을 봅니다. 하물며 다른 받은 것들에 대해서는 有口無言유구무언입니다. 주님, 지나고 나서야 그 시간의 소중함을 깨닫습니다. 늘 늦은 깨달음의 반복입니다. 주님, 우리는 필요한 것이 무엇인지 모르고, 많아야 좋은 것이라고 생각합니다. 過猶不及과유불급, 지나친 것은 미치지 못한 것과 같다는 공자의 말은 현실적인 것이 아니라고 여깁니다. 진정으로 가치 있는 것이 무엇인지 생각하지 않기에 가치 없는 것에 인생을 낭비합니다.

우리는 돈이 가득 든 지갑을 잃어버리면 아까워합니다. 그러나 어떤 생각이 떠오르거나, 책에서 본 좋은 생각들, 우리가 살아가면서 기억해야 하는 생각들, 더 나은 세상을 만들 수 있는 생각들은 잃어버리고도 그런 사실조차 곧 잊어버립니다. 금은보화보다 더 값진 것임에도 불구하고 아까워하지도 않습니다(레프 톨스토이의 『어떻게 살 것인가』 중에서).

결국 하나님과 사람에게 필요한 사람이 되지 못합니다. 오늘 가치 있는 양식을 먹고자 이 자리에 왔습니다. 오늘 세월호 참화 999일입니다. 그들 부모와 가족을 외면했던 지난날들, 나는 어디에 있었나를 묻습니다. '거기 너 있었는가? 그때에'라는 주님의 음성이 마음에 들리는지 자문해 봅니다. 주님, 삶의 우선순위를 어디에 둘 것인가를 생각하며 기도하는 성찰에 게으르지 않게 하옵소서.

2017. 1. 22.(주현절 셋째 주일)

마태복음 6:9-13

• • •

오늘 우리에게 필요한 양식을 내려 주시고, 우리가 우리에게 죄 지은 사람을
용서하여 준 것 같이 우리의 죄를 용서하여 주시고(11-12절).

주님, 우리 고유의 명절 설이 다가옵니다. '설'의 오래된 뜻 중에
'나이'가 있습니다. 설에서 나이를 뜻하는 '살'이 나왔다고도 합니
다. 이제 한 살을 더합니다. 나이에도 값이 있어 나잇값이라고도 합
니다만 나잇값을 물으면 부끄럽습니다. 살은 삶입니다. 삶은 사랑
입니다. 주님은 늘 예배에 앞서 묻습니다. "네 형제나 자매가 네게
어떤 원한을 품고 있는지⋯"(마 5:23) 그리고 예배보다 "먼저 화해하
여라"(마 5:24)고 말씀하십니다.

이 말씀 앞에 고개를 들 수 없습니다. 용서를 구할 수 없습니다.
용서하지 않았기 때문입니다. 그 마음은 복잡합니다. 용서를 구하
지도 않았는데 용서해야 되는지⋯. 또 용서를 구했어도 솔직한 마
음은 용서가 되지 않습니다. 사람 하나를 받아들이는 것이 이렇게
힘든 것인지, 사람을 대할 때마다 좋은 것은 보이지 않고 나쁜 것만
보이는 이 눈은 왜 달라지지 않는지, 부모를 보면 원망이 앞서고,
자식을 보면 화부터 납니다. 이웃이 잘 되는 것을 기꺼이 기뻐해 주
는 것이 이렇게 어려운지 거꾸로 가는 나잇값을 봅니다. 아직 늘 다

른 사람 핑계로 원망하고 불평하며 살아갑니다.

주님, 먼저 용서하고 먼저 손을 내밀고 먼저 과오를 인정하는 데서 비로소 새 시간 설이 다가옴을 알게 하옵소서. 주일마다 주님으로부터 용서의 선언을 듣고 아멘 하지만 설의 새 시간에는 내가 먼저 용서의 선언을 하게 하옵소서.

2017. 1. 29.(주현절 넷째 주일, 설 주일)

마태복음 6:9-13

● ● ●

그 나라를 오게 하여 주시며, 그 뜻을 하늘에서 이루심 같이, 땅에서도 이루어 주십시오(10절).

온 가족이 모여 서로 위로하고 격려하며 새해 출발의 마음을 나누는 우리 고유의 명절 설에도 차례상 앞에서 저마다의 새해 삶을 나누기보다는 이 나라 위정자들을 걱정하는 우리 백성들입니다. 개, 돼지 소리를 들으면서도, 스스로 목숨을 끊는 삶의 버거움 속에서도 "뒷일을 부탁한다"며 나라 걱정을 하고 있는 이 나라 백성입니다. 온갖 부정과 부패의 국정 농단으로 캄캄해진 이 나라이지만 저마다 촛불 하나 들고 모여 조금이라도 어둠을 밝혀 보겠다고 했던 이 백성입니다. 선조 때나 인조 때는 나라님 어디로 갔는지 몰라도 촛불 대신 호미, 괭이, 곡괭이를 들었습니다.

나라를 새롭게 하자고 동학 농민들이 분노했을 때 남의 나라 군대를 불러 제 백성의 피를 보았습니다. 결국 그들은 나라를 팔아먹었고, 아무도 책임지지 않았습니다. "난세와 위기의 상황에서 '변명과 변신과 변절'은 용납되고 아무런 후과를 남기지 않으니, 적당히 알아서 처신하는 보신주의와 기회주의자들을 양산하고 있지는 않은가 말입니다"(신선우, "정의만이 사회를 지탱해준다", 「한겨레신문」, 2017.

1. 27.). "개는 자기가 토한 것을 도로 먹는다." 그리고 "돼지는 몸을 씻고 나서, 다시 진창에 뒹군다"(벧후 2:22)고 사도 베드로는 말합니다. 불행한 역사의 되풀이가 지금도 지겹도록 계속되고 있습니다.

교육도 그렇습니다. 된 사람을 가르치지 않고 난 사람만 가르칩니다. 신앙도 그렇습니다. 자기 십자가는 없고 남의 십자가만 있는 우리 신앙입니다. 이것은 거창한 나라나 역사에 대한 이야기가 아닙니다. 오늘 이 자리에 있는 우리, 각자 자신의 모습입니다. 한 살을 더해도 토한 것을 다시 먹는 죄의 반복이 올해도 유혹으로 다가올 것입니다. 죄의 고리를 끊고 싶다고 말들은 하지만 내 내면 깊은 곳에서는 유혹의 손길에 끌려가고 싶어 합니다. 시기, 질투, 탐욕, 악의, 방탕, 교만, 음행, 비방이 우리 마음을 장악하고 있습니다. 주님, 오늘도 우리는 죄의 고백을 통해 죄를 씻었다고 하지만 다시 진창에 뒹굴 것입니다. 주님, 다시 고개를 떨굽니다. 주님, 우리를 불쌍히 여겨 주옵소서.

2017. 2. 12.(주현절 여섯째 주일, 신학교육주일)

마가복음 4:21-25

• • •

숨겨 둔 것은 드러나고, 감추어 둔 것은 나타나기 마련이다. 들을 귀가 있는
사람은 들어라(22-23절).

어떻게 저렇게 뻔한 가짜 뉴스를 진짜로 들을 수 있을까 싶지만,
서울 광장을 가득 메울 정도로 그런 사람들은 많다고 합니다. 하긴
때론 듣고 싶은 것만 듣고 믿고 싶은 것만 믿는 나 자신의 모습이기
도 합니다. 관심 있는 것에만 귀를 기울이고 그렇지 않은 것에는 귀
도 닫고 때로는 눈까지도 닫아 줄기까지 합니다. 그리고 시기와 질
투, 원망과 불평이 우리 귀를 닫습니다. 자기 말만 합니다. 말하고
있을 때는 아무것도 배울 수 없다는 것을 모릅니다. 제대로 들을 줄
몰라 영적 청각 장애인이 되어 버렸습니다. 잘못 들었기에 잘못 말
합니다. 아니 아예 듣지 않기에 교회에 와서조차 제 말만 하게 됩니
다. 하늘 소리를 한마디도 듣지 못한 채 돌아갈 때도 있습니다. "하
나님 앞에서 말을 꺼낼 때에, 함부로 입을 열지 말아라. 마음을 조
급하게 가져서도 안 된다. 하나님은 하늘에 계시고, 너는 땅 위에
있으니, 말을 많이 하지 않도록 하여라"(전 5:2)라는 지혜자의 말씀
에 부끄럽습니다.

주님, 주변이 온갖 소음으로 들끓어도 자기 아기의 울음소리를

가려듣는 엄마처럼, 세상의 소음 속에 살면서도 하늘의 소리를 가려들을 줄 아는 사람이 되고 싶습니다. 이 시간 주님, "내 귀를 깨우치시어 학자처럼 알아듣게 하신다. 주 하나님께서 내 귀를 열어 주셨으므로, 나는 주님께 서억하시도 않았고, 등을 돌리지도 않았다" (사 50:4b-5)는 이사야의 고백에 고개 숙여 참회의 기도를 드립니다.

2017. 2. 26.(주현절 여덟째 주일, 3.1절기념주일)

에스겔 47:1-12, 누가복음 5:1-11

• • •

이 강물이 흘러가는 모든 곳에서는, 온갖 생물이 번성하며 살게 될 것이다. 이 물이 사해로 흘러 들어가면, 그 물도 깨끗하게 고쳐질 것이므로, 그 곳에도 아주 많은 물고기가 살게 될 것이다. 강물이 흘러가는 곳이면 어디에서나, 모든 것이 살 것이다(겔 47:9).

주님, 올해는 우리 교회에 초등학교에서 대학에 이르기까지 입학하는 새내기 아이들이 참 많습니다. 새 학기를 준비하는 아이들도 있습니다. 그래서 한 번 더 그들을 대하는 부모인 우리 마음은 어떤가 돌아봅니다. 세상이 바라는 기준을 따라 아이들을 옥죄는 우리가 아닌가 성찰하게 하옵소서. 하나님께서는 이미 다 주셨는데, 세상이 바라는 것을 아이들에게 주입하고 있는 것은 아닌지, 그것이 아이들에게 깊은 상처를 내는 것은 아닌지 두렵습니다.

지위나 소유에 사로잡혀 사람을 바라보는 그런 천박한 눈으로는 속 깊은 만남을 가지기가 어렵습니다. 그리하여 정작 갖춰야 할 사람됨은 없고, 경쟁과 그에 따른 우열의 결과만이 있을 뿐입니다. 사실 삶이라는 바다에서 경쟁의 파도에 휘청거리며 주저앉는 우리 모습, 아니면 값싼 승리를 축복이라고 여기는 우리 모습일 뿐입니다. 우리의 생각 역시 깊지 못합니다. 얕은 곳에서 첨벙대며 싸우는 우리가 성숙한 만남을 가질 수 없음을 고백합니다.

주님, 이제 곧 우리 교회가 15살 생일을 맞이합니다. 육신의 나이는 하나하나 더해가는데 정신의 나이, 신앙의 나이는 아직 어린아이 같아 부끄럽습니다. 주님, 주님 없이 한평생 수고해 보아야 우리 인생이 빈 그물임을 깨닫게 하옵소서. 사람을 하늘이 주신 그 모습 그대로 보지 못하는 한, 성숙한 만남을 가질 수 없음을 깊이 성찰하게 하옵소서. 산돌에서의 우리의 만남이 가치 있는 일에 그물을 드리워서 값진 결실을 거두는 만남이게 하옵소서. 서로에게 소중한 사람이 되어 깊은 만남으로 주님의 일을 함에 값을 치르게 하옵소서.

출애굽기 20:1-3, 마태복음 22:34-40

• • •

예수께서 그에게 말씀하셨다. "'네 마음을 다하고, 네 목숨을 다하고, 네 뜻을 다하여, 주 너의 하나님을 사랑하여라' 하였으니, 이것이 가장 중요하고 으뜸가는 계명이다"(마 22:37-38).

다시 하나님 앞에 섰습니다. 그러나 오늘 제가 찾는 하나님은 당신이 아닐지도 모릅니다. 제가 바라는 하나님은 제 욕망을 투사한, 만들어진 하나님입니다. 실은 다른 신이고 우상입니다. 하나님이라는 이름을 불러 기도하고 찬양했다고 신앙이라고 할 수 없음을 압니다. 저는 하나님과는 구하고 찾는 것이 다른 이방인일 뿐입니다. 그렇기에 오늘 저는 하나님이 원하셨던 제가 아닐 것입니다. 지금 하나님 앞에 있는 저는 또 하나의 우상일 뿐입니다. 하나님 앞에서 하나님 없이 살아가고 있습니다. 그런데도 오늘 우리는 하나님을 예배하고 있습니다. 이 예배는 우리가 당신을 찾은 것이 아니라 당신이 우리를 찾은 것임을 압니다. 그럼에도 불구하고 말입니다.

주님의 고난을 묵상하는 사순절 절기, 오늘 이곳으로 향한 나의 걸음이 헛걸음이 되지 않기를 기도합니다. 하나님 앞에 선 제가 하나님이 찾으시는 '참 나'가 되기를 바라며 두 손을 모읍니다. 다시 싹을 틔우는 이 봄, 어두운 땅을 뚫고 새 생명으로 잉태되는 은총을 주옵소서.

2017. 3. 26.(사순절 넷째 주일)

요한복음 2:23-25

•••

그는 사람에 대해서는 어느 누구의 증언도 필요하지 않으셨기 때문이다. 그는 사람의 마음 속에 있는 것까지도 알고 계셨던 것이다(25절).

　주님, 우리 교회 어느 가정의 순하디순한 보리가 순한 새끼 9마리를 낳았습니다. 새벽녘 문득, 세상에 나온 그 새끼들과 보리의 수고가 생각나 기도를 드렸습니다. 저도 삼칠일이 지나면 기도해 주기 위해 갈 것입니다. 하나님은 아무리 하찮은 짐승일지라도 그들을 집단으로가 아니라 한 마리 한 마리의 이름을 불러 세상에 나오게 하셨을 것입니다. 생명이기 때문입니다. 주님께서 하나하나의 이름을 불러 주셨을 때 비로소 생명이 되었습니다. 하물며 사람이야! 그리스도의 몸이신 교회는 지체인 우리를 임신한 거대한 믿음의 자궁입니다. 하나님께서 한 사람 한 사람의 이름을 부르십니다. 우리는 서로 그 이름을 부릅니다. 비로소 우리는 어느 시인의 시처럼 나는 너에게 너는 나에게 잊히지 않는 하나의 눈짓이 되고 싶어합니다.

　그러나 주님, 서로에게 잊히지 않아야 할 우리가 때론 서로에게 상처를 주기도 합니다. 눈짓이 거짓일 때도 있습니다. 아름다운 미소의 눈짓이 아니라 마음을 담지 않은 시기와 질투, 증오, 원망과 불평의 쌍심지를 켤 때도 있습니다. 가까운 가족도 친구도 서로 등을 돌리기도 합니다. 순산은 힘들어집니다. 아직 우리가 미숙하기 때문입니다. 자신의 미숙함을 모를 때도 적지 않습니다. 10달이 아니라 10년, 20년 아니 30년이 넘어도 여전히 미숙아로 남아 있습니다. 우리의 아집이 여전히 우리를 자궁 안에 가두어 놓습니다. 미숙한 우리가 성숙한 사람인 것처럼 행세하기도 하고, 때론 목사니, 장로니, 권사니, 집사니 하는 직분이 우리로 성숙한 양 착각하게 하기도 합니다.

주님, 이 시간 우리의 이름을 불러 주옵소서. 이전엔 하나의 미숙한 몸짓으로 사는 우리였지만, 주님의 부르심에 자신을 볼 수 있는 성찰이 있게 하시고, 주님에게로 와서 주님의 꽃이 되게 하옵소서. 일그러진 자신의 미숙한 모습을 직시할 수 있게 하옵시고, 성숙함을 배우고 깨우쳐 참된 믿음의 생명으로 주님의 이름에 응답하게 하옵소서.

2017. 4. 9.(종려주일, 씨뿌림주일)

누가복음 13:31-35

•••

예루살렘아, 예루살렘아, 예언자들을 죽이고, 네게 파송된 사람들을 돌로 치는구나! 암탉이 제 새끼를 날개 아래에 품듯이, 내가 몇 번이나 네 자녀를 모아 품으려 하였더냐? 그러나 너희는 그것을 원하지 않았다(34절).

"아, 나는 비참한 사람입니다. 누가 이 죽음의 몸에서 나를 건져 주겠습니까?"(롬 7:24) 바울의 죄책 고백입니다. 바울은 마음으로는 하나님의 법을 섬기지만, 육신으로는 죄의 법을 섬기고 있는(롬 7:25) 자신의 비참한 모습을 보았습니다. 우리의 영혼은 이렇게 일그러져 있습니다. 하나님의 법이 옳다는 것을 알면서도 우리는 그 법을 불편해합니다. 죄의 법이 잘못되었다는 것을 알면서도 우리는 그 법을 편하게 여깁니다. 죄의 법은 나의 뜻이고, 하나님의 법은 하나님의 뜻입니다. 나의 뜻과 하나님의 뜻이 내 안에 공존합니다. 나의 뜻과 하나님의 뜻, 죄의 법과 하나님의 법이 내 안에서 충돌합니다. 그러나 우리는 예수님처럼 "내 뜻대로 하지 마시고, 아버지의 뜻대로 하여 주십시오"라고 기도하지 않습니다. 우리는 죄의 법이 우리의 욕망임을 잘 알고 있습니다. 그리고 그 욕망을 기도로 미화시키는 데 익숙해져 있습니다. 우리는 우리 자신을 속입니다.

주님, 이 비참한 모습을 우리는 지금 보고 있습니까? 아닙니다.

우리는 이런 일그러진 우리의 모습을 애써 외면합니다. 깊어가는 자기중심의 죄는 우리로 자신의 편리함만을 추구하게 하고 고통당하는 우리의 이웃에 다가서지 못하게 합니다. "우리가 너희에게 피리를 불어도 너희는 춤을 추지 않았고, 우리가 곡을 해도, 너희는 울지 않았다"(마 11:17). 주님 말씀 대로입니다. 우리는 기뻐하는 사람들과 함께 기뻐하지 않습니다. 우리는 우는 사람들과 함께 울지 않습니다(롬 12:15). 그래서인가요? 자식을 고통의 바다에 보낸 부모가 죽은 이유라도 알자며 단식할 때도 그 앞에서 즐거이 음식을 먹기까지 합니다. 미수습자 가족을 향해서는 돈을 더 받고 싶어서 저런다고 말합니다. 우리는 이웃의 고통을 내 피로감 정도로 치부합니다. 이것이 우리의 비참한 모습입니다. 주님, 자신의 이 비참한 모습을 보는 데서 비로소 구원이 시작됨을 알게 하옵소서. 주님, 부끄러움을 가지고 죄의 통증을 아는 사람이 되어 진정한 참회에 이르게 하옵소서.

2017. 4. 23.(부활절 둘째 주일)
이사야 55:1-3, 디모데후서 4:1-5

•••

너희 모든 목마른 사람들아, 어서 물로 나오너라. 돈이 없는 사람도 오너라.
너희는 와서 사서 먹되, 돈도 내지 말고 값도 지불하지 말고 포도주와 젖을
사거라(사 55:1).

"들을 귀가 있는 사람은 들어라"(막 4:9). 주님의 말씀입니다. 사실 누구나 다 귀가 있는데도 이렇게 말씀하십니다. 귀라고 다 귀가 아니라는 말씀입니다. 오늘 내 귀를 주님 앞에 놓습니다. 듣고 싶은 것만 듣는 귀입니다. 제 편리와 이기심에 젖은 귀입니다. 말초신경을 자극하는, 가려운 곳을 긁어주는 말만 듣는 귀입니다. 나의 죄를 깨닫게 하며 관절과 골수를 쪼개는 주님의 말씀은 들리지 않는 귀입니다. 기도할 때도 듣지는 않고 내 말만 합니다. 그러나 말하고 있을 때는 아무것도 들을 수도 배울 수도 없습니다. 배우기 위해서는 들어야 하건만 제 주장과 욕심을 말하는 기도일 뿐, 주님의 뜻을 듣는 기도가 아닙니다. 들음이 없는 일방적인 기도만 있을 뿐입니다. 어느새 영적 청각 장애인이 되고 맙니다.

주님, 듣는 대로 말합니다. 들어온 대로 나갑니다. 폭력적인 말을 듣기에 폭력적인 말만 합니다. 상처를 주는 말만 듣기에 입만 열면 상처를 줍니다. 원망의 말을 듣기에 감사의 말과 삶이 없습니다.

주님, 무엇보다도 귀가 거룩해지기를 기도합니다. 주님께서 주신 귀, 거룩한 말씀을 들어 거룩한 삶을 이루기를 기도합니다. 이 시간 우리의 귀가 거듭나고 부활되게 하옵소서.

요나서 4:1-11

•••

하나님이 요나에게 말씀하셨다. "박 넝쿨이 죽었다고 네가 이렇게 화를 내는 것이 옳으냐?" 요나가 대답하였다. "옳다뿐이겠습니까? 저는 화가 나서 죽겠습니다"(9절).

주님, 불의한 세상을 보면 화가 치밉니다. 그들의 불의 때문만은 아닙니다. 그들이 갖고 있는 힘을 내가 갖고 있지 못하기 때문입니다. 다른 사람들이 나보다 많이 가졌다고 부모를 원망하고 세상을 원망하고 하나님에게까지 불공평하다고 화를 내곤 합니다. 화를 다스리지 못합니다. 사실 내가 옳았다면 화를 낼 이유가 없고, 내가 틀렸다면 화를 낼 자격이 없습니다. 그럼에도 우리는 화에 쌓여 있습니다. 알고 보면 욕심입니다.

정작 화를 내야 될 때는 우리는 비굴해집니다. 나보다 강한 힘 앞에서는 화를 다스리지 말라고 해도 다스려집니다. 그저 만만한 사람에게 낼 뿐입니다. 소인배의 모습입니다. 부끄러운 우리의 자화상입니다. 세상은 마치 힘 있는 자의 화의 대결 같습니다. 무력이 무력으로 맞서고 있는 한 화는 화를 부릅니다. 강대국이 화를 내고 위협하면 약소국은 그저 따라야 할 것처럼 보입니다.

주님, 힘의 크기는 작지만, 양심과 평화를 가르치는 이 나라가 되게 하옵소서. 소성리 주민들, 아니 대한민국 국민이 골리앗에 맞서고 있습니다. 그들에게 엄청난 화력의 무력이 있지만 우리는 그 화력의 화를 잠재울 수 있는 평화의 주님이 계심을 알게 하옵소서. 평화만이 하나님의 자녀로 화의 장벽을 무너뜨릴 수 있음을 알게 하옵소서.

창세기 9:18-27

• • •

가나안의 조상 함이 그만 자기 아버지의 벌거벗은 몸을 보았다. 그는 바깥으로 나가서, 두 형들에게 알렸다(22절).

작은 발을 쥐고 발톱을 깎아드린다
일흔다섯 해 전에 불었던 된바람은
내 어머니의 첫 울음소리 기억하리라
이웃집에서도 들었다는 뜨거운 울음소리

이 발로 아장아장
걸음마를 한 적이 있었단 말인가
이 발로 폴짝폴짝
고무줄놀이를 한 적이 있었단 말인가
뼈마디를 덮은 살가죽
쪼글쪼글하기가 가뭄못자리 같다
굳은살이 덮인 발바닥
딱딱하기가 거북이 등 같다

발톱 깎을 힘이 없는

늙은 어머니의 발톱을 깎아드린다

가만히 계셔요 어머니

잘못하면 다쳐요

어느 날부터 말을 잃어버린 어머니

고개를 끄덕이다 내 머리카락을 만진다

나 역시 말을 잃고 가만히 있으니

한쪽 팔로 내 머리를 감싸 안는다

맞닿은 창문이

온몸 흔들며 몸부림치는 날

어머니에게 안기어

일흔다섯 해 동안의 된바람 소리 듣는다.

_이승하, 〈늙은 어머니의 발톱을 깎아드리며〉

그러나 어느새 발톱을 깎아 드릴 어머니가 보이지 않습니다. 하늘에서 기도하며 지켜볼 어머니 생각에 그만 고아가 되어 버린 내 모습을 봅니다. 육신의 어버이가 없어서가 아니라 불러 줄 이 없는 마음의 고아입니다. 땅의 하나님 어버이가 가신 날만이 유일한 참회의 날이었을 것입니다.

2017. 5. 21.(부활절 여섯째 주일, 5.18광주민주화운동 기념주일)

미가서 7:8-10

• • •

내 원수야, 내가 당하는 고난을 보고서, 미리 흐뭇해 하지 말아라. 나는 넘어져도 다시 일어난다. 지금은 어둠 속에 있지만, 주님께서 곧 나의 빛이 되신다 (8절).

대통령의 입에서 오래전 낯익은 이름들이 나옵니다. 박관현, 표정두, 조성만, 박래전. 마치 성서에 나오는 믿음의 조상처럼. 맞습니다. 그들은 끊어진 길에서 길을 시작했습니다. 오늘의 봄은 그들이 이은 길이었습니다. 봄 길을 걷는 우리는 그날 스러진 길이 된 그들 위를 걷습니다. 주님께서 나는 길이라고 말씀하셨듯이 그들은 길이 되어 갔습니다. 우리에겐 은혜이고 빚입니다. 갚을 수 없는 빚입니다. 그러나 갚을 수 없는 그 빚은 어느새 갚지 않아도 되는 빚이 되었습니다. 갚을 수 없는 은혜가 어느새 갚지 않아도 되는, 싼값이 되는 것은 우리의 신앙만이 아닙니다. 역사의 길도 예외일 수 없습니다. "거기 너 있었는가?" 우리는 이 질문 앞에 서고 싶어 하지 않습니다. 그러나 누군가가 거기서 진 십자가가 있었기에 부활의 봄을 맞이합니다.

주님, 5월은 빚진 자의 마음으로 은혜를 생각하는 달입니다. 부모, 스승 그리고 역사의 선열들. 오늘 광주는 또다시 그렇게 다가옵니다. 주님, 자기 십자가를 다시 물으며 참회를 드립니다.

2017. 5. 28.(부활절 일곱째 주일, 도시·농어촌선교주일)

마가복음 6:45-52

•••

그를 보고, 모두 놀랐기 때문이다. 그러나 예수께서 곧 그들에게 말씀하셨다. "안심하여라, 나다, 두려워하지 말아라"(50절).

어느 날 모자를 쓰고서 모자를 찾았습니다. 안경을 쓴 채로 안경을 찾았습니다. 내가 버젓이 이렇게 있는데도 나를 찾습니다. 나를 찾으러 먼 데까지 가서 돌아오지 못할 때도 있습니다. 나를 잃어버린 채 평생을 밖에서 헤매는 이들도 적지 않습니다. 돈이 나인 줄 알고 지위가 나인 줄 압니다. 돈바람, 권력 바람에 열등감으로 좌절하고 우월감으로 교만합니다. 그것은 내가 아닙니다. 욕망으로 가득 찬 거짓 나입니다. 결국 예수님을 믿어도 거짓 나의 욕망은 커져만 갑니다. 그렇다면 내가 믿는 예수님은 나의 욕망을 들어주는 헛된 우상일 뿐입니다.

우리는 예수님이 보라는 공중 나는 새를 보지 않고 여전히 예수님이 가리키는 손가락만 보며 제 욕심을 구걸합니다. 새는 바람에 굴복하지 않습니다. 욕망이라는 무거운 바람을 잠재우고 가볍게 창공을 납니다. 주님, 이 모두가 진정한 나를 찾지 못했기 때문임을 고백합니다. 주님, 헛된 욕망의 바람에 휘청거리는 우리를 불쌍히 여겨 주시어 주님처럼 내 인생의 주인이 되어 헛된 바람을 잠재우게 하옵소서.

2017. 6. 4.(성령강림절, 환경주일)
마가복음 6:45-56

•••

> 제자들은 예수께서 바다 위로 걸어오시는 것을 보고, 유령으로 생각하고 소리
> 쳤다(49절).

우리는 영원히 죽지 않고 영원히 썩지 않는 것을 기적이라고 여
깁니다. 죽음이 기적이고, 썩어 사라지는 것이 기적임을 알지 못합
니다. 죽음이 없고, 썩음이 없는 것이 오히려 재앙임을 깨닫지 못합
니다. 그렇기에 생노병사의 은총을 깨닫지 못한 채 살아갑니다. 일
상에 대한 경이로움이 없기에 범사의 감격이 없습니다. 육신의 눈
으로 바다 위를 걷는 것을 보아야 기적이라고 여깁니다. 우리가 지
금 이 순간 살아있고 발걸음을 옮기고 있음이 얼마나 큰 기적인가
를 깨닫지 못합니다. 기적이란 바다 위를 걷는 것이 아니라 땅 위를
걷는 것임을 알지 못합니다. 그래서 있을 수 없는 일에 목을 매는
천박한 기적의 노예가 되어 버립니다. 먹고 배부름의 노예가 되어
사람을 사람답게, 나를 나답게 하시는 생명의 빵을 놓치고 삽니다.
그래서 나라가 나라답지 못하며 가정이 가정답지 못하며 교회가 교
회답지 못합니다.

주님, 내 안의 거룩한 영을 회복하여 더러운 바람을 잠재우는 나
의 나 됨을 찾는 깨달음에 이르게 하옵소서.

2017. 6. 18.(성령강림 후 둘째 주일)

요한복음 14:4-12

•••

"너희는 내가 어디로 가는지 그 길을 알고 있다." 도마가 예수께 말하였다. "주님, 우리는 주님께서 어디로 가시는지도 모르는데, 어떻게 그 길을 알겠습니까?"(4-5절)

주님, 많은 사람이 가는 길이라고 옳은 길인지 묻지도 않았습니다. 신문과 TV 정보, 나아가 활자화가 되어 나오면 다 맞는 길이라고 여깁니다. 여과 없이 받아들입니다. 생각하지 않고 기도하지 않고, 모든 길은 로마로 통한다고 강하고 많고 화려한, 그러나 더러운 우상의 길을 가기도 합니다. 순진한 것인지, 어리석은 것인지 길 위에 선 자신을 성찰하지 않았습니다. 아무리 많은 사람이 가도 길다운 길이 아니면 멈추고 돌이킬 줄 아는 지혜로움이 아쉽습니다.

주님, 나의 하나님이 있듯이 나의 길이 있음을 깨닫게 하옵소서. 우리의 하나님이 있듯이 우리의 길이 있음을 깨닫게 하옵소서. 우리 조상의 하나님이 있듯이 우리 역사의 길이 있음을 알게 하옵소서. 스스로 길이 된 분들이 있기에 오늘 우리 사회가 조금씩 나아질 수 있었습니다. 끊어진 길에서 길이 되는 사람들이 있습니다. 뒷일을 부탁한다며 우리를 떠난 김관홍 잠수사, 그는 아무도 가지 않은 그 길을 갔습니다. 그것은 살리는 생명의 길이었습니다. 이한열, 그가 길이 되었기에 촛불로 이어진 민주의 길을 열었습니다. 사랑이 끊어진 곳에서 십자가로, 스스로 사랑이 되어 길 되신 주님은 우리가 길이 되기를 바라십니다. 주님, 오늘 다시 길을 묻습니다.

2017. 6. 25.(성령강림 후 셋째 주일, 6.25민족화해주일)

고린도후서 12:7-10

• • •

내가 받은 엄청난 계시들 때문에 사람들이 나를 과대평가 할는지도 모릅니다. 그러므로 내가 교만하게 되지 못하도록, 하나님께서 내 몸에 가시를 주셨습니다. 그것은 사탄의 하수인이라고 할 수 있는데, 그것으로 나를 쳐서서 나로 하여금 교만해지지 못하게 하시려는 것이었습니다(7절).

주님, 한국전쟁 67주년이 되었습니다. 분단의 골은 깊어가고 민족의 동질성은 희박해지고 있습니다. 강대국에 의해 그어진 분단이지만 희생의 당사자는 우리 민족입니다. 막힌 남북의 길은 멀기만 합니다. 전시작전권을 갖다 바친 채 불평등한 한·미 행정협정은 개선될 기미조차 보이지 않습니다. 아직도 아벨의 피처럼 끓고 있는 효순이, 미선이의 장갑차 자국이 선명합니다. 그럼에도 제 안위만을 생각하는 위정자들은 촛불로 다시 세운 이 나라를 흔들어댑니다. 자신의 비굴함을 부끄럼 없이 드러내며 패권 강대국에 빌붙는 친일의 후손들이 버젓이 활개를 치고 있습니다.

주님, 친일 독재를 청산하지 못한 우리 민족의 업보가 무겁습니다. 친일은 친미로 바뀌었습니다. 너무나 단순한 평화통일의 길을 이루지 못하고 있습니다. 한반도 비핵화, 평화협정이 첫 번째 답이건만 이 나라의 이익이 아니라 패권 강대국의 이익을 대변하고 있는 사대주의자들이 마치 애국인 양 지난 일제 강점기를 재현하려고 합니다. 친일 독재 그리고 분단의 길고도 어두운 터널의 끝이 보이지 않습니다. 주님, 이 나라를 자주적으로 지켜내지 못한 우리를 용서하여 주시옵고 우리 민족을 불쌍히 여겨 주옵소서.

2017. 7. 9.(성령강림 후 다섯째 주일)

요한복음 4:46-54

• • •

> 그 사람은, 예수께서 유대에서 나와 갈릴리로 들어오셨다는 소문을 듣고, 예수께 와서 "제발 가버나움으로 내려오셔서, 아들을 고쳐 주십시오" 하고 애원하였다. 아들이 거의 죽게 되었기 때문이다(47절).

변명이 많으면 부끄러움이 없어집니다. 그리고 교만해집니다. 겸손해져야지 생각하면서도 순간순간 뱀의 머리처럼 솟아오르는 교만은 모든 잘못을 남 탓으로 돌립니다. '당신이 살라고 짝지어 주신 그 여자 때문에', '뱀이 저를 꾀어서' … 알고 보면 그 뱀이 자기 자신입니다. 고개를 쳐든 교만이라는 뱀, 처음부터 하나님처럼 되려고 했던 그 교만입니다. 자기가 옳다고 주장할 때마다 우리에겐 하나님이 보이지 않습니다. 그렇기에 뱀처럼 고개를 쳐들고 화를 내기도 합니다. 우리가 하나님의 자리를 차지하고 있습니다. 아담은 부끄럽고 두려운 마음에 숨기라도 했지만, 아담의 후손인 우리에겐 그 두려움과 부끄러움도 남아 있지 않습니다.

주님, 오늘 내 안의 그 아담을 죽이고 그리스도로 살기 위해 이 자리에 왔습니다. 주님, 하나님의 자리에서 내려오게 해 주십시오. 나 때문에 상처받아 신음하고 있는 나의 부모가 있고 나의 남편이 있고 아내가 있고 나의 자녀가 있고 형제가 있고 이웃이 있고 이

나라가 있습니다. 내려와 부끄러운 마음으로 나 때문에 생긴 그들의 상처를 보게 하옵소서. "그가 찔린 것은 우리의 허물 때문이고, 그가 상처를 받은 것은 우리의 악함 때문이다"는 저 이사야의 고백이 내 고백이 되게 하옵소서. 그러나 여전히 우리는 아이들을 오르고 또 오르라고 독촉하며 경쟁으로 내몰고 있습니다.

주님, 오르지 못해 쓰러진 이들이 더욱 밟히고 있는 우리 사회의 예수들을 보게 하옵소서. 주님, 이제는 내려가게 하옵소서. 오르기 위해 화를 내며 다른 이들의 마음을 밟았던 우리 자신을 보게 하옵소서. 이제 자신을 내리고 또 내려 죽기까지 하셨던 주님의 십자가를 보며 참회의 기도를 드립니다.

에베소서 1:15-23

● ● ●

우리 주 예수 그리스도의 하나님이신 영광의 아버지께서 지혜와 계시의 영을
여러분에게 주셔서, 하나님을 알게 하시고(17절).

"당신들은, 사람이 자기 자녀를 훈련시키듯이, 주 당신들의 하
나님도 당신들을 훈련시키신다는 것을 마음 속에 새겨 두십시오"
(신8:5). 고난은 하나님이 자녀인 우리를 사랑하는 방법임을 성서는
깨우쳐 주고 있습니다. 그러나 우리는 작은 고난에도 절망하고 좌
절합니다. 우리는 그 고난 속에 있는 미래의 영광을 보지 못합니다.
"현재 우리가 겪는 고난은, 장차 우리에게 나타날 영광에 견주면,
아무것도 아니라"(롬8:18)는 바울의 가르침에도, 고난 속에 소망이
있음을 보지 못하고 우리는 힘들 때마다 원망과 불평을 쏟아냅니
다. 거기에는 늘 세상 탓, 남 탓이 있습니다. 그리고 다른 사람들에
게도 깊은 상처를 안깁니다. 행동을 제어하지 못했고 말을 조절할
줄 몰랐고 마음을 다스릴 줄 몰랐습니다. 잘못을 하고도 인정할 줄
몰랐고 분별력 없는 분노에 휩싸여 가정, 직장, 교회 등 속해 있는
공동체를 힘들게 하기도 했습니다.

주님, 우리의 더러운 영을 씻어 주옵소서. 육신의 생각은 하나님

께 품는 적대감임을 깨달아 이제는 영을 따라 하나님을 기쁘게 하는 사람으로 돌아서게 하옵소서.

로마서 9:19-29

• • •

> 오, 사람아, 그대가 무엇이기에 하나님께 감히 말대답을 합니까? 만들어진 것이 만드신 분에게 "어찌하여 나를 이렇게 만들었습니까?" 하고 말할 수 있습니까?(20절)

주님, 얼마 전 몇 해 전부터 중환자실과 일반병실을 오가며 아주 오랫동안 병치레를 하다 세상을 떠난 교우 한 분을 생각했습니다. 그가 물었던 질문이 제 뇌리를 떠나지 않았기 때문입니다. 그 질문은 "하나님이 오랫동안 나를 살려두신 이유가 무엇일까요?"였습니다. 고통이 심해 하나님께서 하루빨리 데려가시기를 기도했지만, 자신을 이렇게 살려 두신 하나님의 뜻을 알고 싶다는 것이었습니다. 때로는 기어이 병을 낫게 해 주시려는 것이 하나님의 뜻이라고 여기며 희망을 갖기도 했다는 것입니다. 심한 통증의 그로서는 더 절박한 질문이었겠지만, 사실 크고 작은 고통의 바다를 건너는 모든 사람이 품은 질문입니다.

"왜 사냐건 웃지요"라는 어느 시인의 마지막 연은 그리 위로가 되지 못합니다. 사실 우리 잘못을 생각하면 당장에 벌을 받아야 마땅하지만, 주님의 오래 참으심과 너그러우심이 있어 여기까지 살아남아 있기에 여전히 왜 사느냐에 대한 질문은 우리 평생의 질문입니다. 주님, 알고 보면 존재의 정체성, 살아도 이렇게 살아서는 안 되는 하나님의 자녀다움을 잃었습니다. 하늘 아버지의 거룩한 씨를 받은 자녀이건만 어느새 그 씨는 더 이상 거룩하지 않습니다. 신앙마저도 제 욕심을 위한 수단일 뿐, 삶다운 삶을 위한 것이 아니었음을 고백합니다. 기도를 해도 달라는 이야기로 도배되어 있고, 다른 이들과 하나님의 일을 위해 자신을 내놓겠다는 다짐은 보이지 않습니다. 하나님을 믿는다는 신앙인이라고 자처하면서도 놀랍게도 여전히 사람의 생각과 사람의 뜻에 귀를 기울이려고 하지, 하나님의 의와 뜻에는 기도의 귀를 닫아 버린 우리 자신을 보게 됩니다. 그래서 결국은 사람의 불의가 판을 침에도 하나님의 의에는 감히 나서지도 못하는 어둠의 자식이 되어 버렸습니다. "내가 아직도 사람의 환심을 사려고 하고 있다면 나는 그리스도의 종이 아닙니다"라는 사도 바울의 꾸짖음 앞에 부끄러운 참회를 드립니다.

2017. 8. 6.(성령강림 후 아홉째 주일)

에베소서 4:11-16

•••

그리하여 우리 모두가 하나님의 아들을 믿는 일과 아는 일에 하나가 되고, 온
전한 사람이 되어서, 그리스도의 충만하심의 경지에까지 다다르게 됩니다
(13절).

"그러므로 주님 안에서 갇힌 몸이 된 내가 여러분에게 권합니다.
여러분은 부르심을 받았으니, 그 부르심에 합당하게 살아가십시
오"(엡 4:1). 주님, 내 신앙이 얼마나 자랐는지, 내 사람됨이 어느 정
도인지 묻는 사도 바울의 말씀입니다. 부끄럽습니다. 부름 받은 삶
이라는 데 불러주신 주님의 뜻과는 멀어진 삶을 삽니다. 그리고 신
앙과 삶이 엄청난 괴리가 있는데도 거기에 익숙해져 있습니다. 그
괴리에 양심이 무뎌진 지도 오래되었습니다. 말씀이 삶이 되게 하
는 치열함도 없어지고 거룩해지려는 절실함도 희미해졌습니다. 여
전히 어린 아이처럼 달라고만 합니다. 달라고 기도하는 그분이 바
로 주님이신지도 묻지 않습니다. 무당인지 악령인지 제 마음을 들
여다보면 알건만 내면을 외면한 지 오래되었습니다. 맹목적이고 기
복적입니다.

세상의 욕망이 여전히 교회에서도 작동됩니다. 직분과 봉사가
자신의 마음을 닦아내는 것임을 잊고 직분은 완장이 되고 봉사는

공적이 되어 버렸습니다. 자신의 내면을 들여다보기보다는 남의 결점에 시선이 꽂혀 있습니다. 다른 이들을 소중히 여겨 그리스도의 온전한 몸을 이루려는 공동체적 의식도 희박해져 가고 있습니다. 신앙의 배움과 삶의 나눔은 더 이상 절실하지 않습니다. 하나님의 일은 제 삶에서 한참이나 밀려나 있어도 부끄러움을 모르고 살아갑니다.

주님, 이 시간 먼지 쌓인 내 영혼을 꺼내어 주님의 말씀으로 씻김을 받게 하옵소서. 다시 우리 양심이 작동되게 하옵소서. 우리의 시선이 남이 아닌 더럽혀진 내게 머물게 하옵소서. 부족한 지체가 모여 우리가 서로를 필요로 하며 서로 합하여 온전한 그리스도의 몸을 이루게 하옵소서.

2017. 9. 3.(창조절 첫째 주일, 재일동포선교주일,
개척선교주일)
호세아 4:1-3
•••

이스라엘 자손아, 주님의 말씀을 들어라. 주님께서 이 땅의 주민들과 변론하신
다. "이 땅에는 진실도 없고, 사랑도 없고, 하나님을 아는 지식도 없다"(1절).

그리운 것들은 산 뒤에 있다는 시인의 노래가 마음에 다가옵니
다. 산 뒤, 자연 깊은 곳 속에 삶이 있고 사람이 있음을 노래합니다.
하지만 우리는 앞만 보며 달려갑니다. 산 뒤 가을바람조차 느끼지
못할 때가 있습니다. 추수는 우리에게 또 하나의 계산일 뿐, 우리에
게 돈바람만 불고 있습니다. 계산하지 않고 사랑했던 이들이 지난
칠월 칠석에도 눈물겹도록 그리웠습니다. 상사화 한 송이에도 그가
생각나고, 흔들리는 청보리를 봐도 그가 그리운 것입니다. 무얼 해
도 자기 돈 들어갈까 조마조마하는, 그래서 그런 자신을 합리화시
키느라 이런 변명, 저런 핑계로 자기를 방어하는 사람들에게 저는
가끔 허세를 부리며 말합니다. "나는 가진 게 돈뿐이야. 그게 내 유
일한 결점이야."

올해도 자연은 전부를 벗어 온통 다 주고 갈 것입니다. 그래도
내년에는 씨익 웃으며 다시 나타날 것입니다. 주님, 큰일 나는 줄
알고 벗어본 적이 없는 우리가 오늘 제 욕심과 위선과 시기의 단단

한 허물을 벗을 수 있게 하옵소서. 따가운 가시들로 덮인 밤 가시들을 벗겨 버려야 하얀 밤알을 맛있게 먹을 줄 누가 알았겠습니까? 옛사람들은 밤하늘의 별들이 반짝이는 것만 보아도 자기를 태워 시대를 밝혔던 이들의 이름을 생각했습니다. 별 하나하나에 말입니다. 오늘은 우리 각자인 나를 태워 제 마음을 성찰하는 참회의 별이 되고 싶습니다.

2017. 9. 10.(창조절 둘째 주일, 교회연합주일)
아가서 8:5-7, 누가복음 13:31-33
•••

> 그러나 오늘도 내일도 그 다음 날도, 나는 내 길을 가야 하겠다. 예언자가 예루살렘이 아닌 다른 곳에서는 죽을 수 없기 때문이다(눅 13:33).

주님, 살아오면서 많은 사람을 만났고 헤어졌습니다. 어떤 사람은 만나기 싫었고 어떤 사람은 헤어지기 싫었습니다. 어떤 사람은 그리웠고 어떤 사람은 생각하기도 싫었습니다. 사랑하는 사람은 보면서도 보고 싶었습니다. 하지만 싫어하는 사람은 눈도 마주치기가 두려웠습니다. 사람 마음이 이렇습니다.

주님, 가장 이해하기 어려운 주님의 말씀 중 하나가 '사랑하라'는 명령입니다. 더욱이 명령이라는 것이 마음에 걸립니다. 그게 명령한다고 되는 문제인지 알 수가 없습니다. 사랑은 마음을 움직이는 것이기에 그렇습니다. 누군가에게 밥을 주고, 누군가를 안아주고, 심지어는 누군가에게 '사랑해'라고 말을 하는 일은 할 수 있습니다. 그것은 사랑하지 않더라도 할 수 있는 일이기 때문입니다. 그러나 그런 행동은 사랑하는 척하는 행동입니다. 마음은 없습니다. 아직 주님의 명령을 깨닫지 못합니다. 우리의 이기심 때문입니다. 계산적이기 때문입니다. 손익을 따지는 한 이미 사랑은 아니기에 주님은 사랑을 명령으로 말씀하십니다.

주님, 우리는 산돌에서 만났습니다. 하나님을 아버지로 삼은 형제자매로 만났습니다. 하나님의 뜻대로 살려는 형제자매로 사랑하라고 주님은 말씀하십니다. 주님, 이 사랑에 우리의 이기심이 작동되지 않기를 바라지만 현실은 그렇지 않습니다. 하물며 다른 세상 사람들과는 오죽하겠습니까? 이제 무릎을 꿇습니다. 그러고 보니 사랑을 연습하기 위해 여기 모였습니다. 사랑을 배우기 위해 이 자리에 나왔습니다.

배움은 자신의 모자람을 아는 데서부터 시작합니다. 어느 유행가 가사처럼 그대 앞에만 서면 왜 작아지는지를 묻는 데서 사랑을 배울 수 있습니다. 한마디 말이 모자라서 다가설 수 없는 존중이 사랑을 배울 수 있는 시작임을 보게 됩니다. 오늘도 이 자리에 오면서 내 흉보다는 남의 흉이 보이고 그로 인해 나보다 남이 낮아 보이는 데서 우리가 사랑을 배울 수 없음을 알게 되었습니다. 남의 잘못만 보고 내 잘못은 보지 못하니 분노가 나를 지배합니다. 화는 나만 옳고 너는 틀렸다에서 옵니다. 주님, 한없이 부끄럽지만 이제 사랑의 걸음마라도 배우는 우리가 되게 하옵소서.

느헤미야 13:15-22, 마가복음 3:1-6

• • •

그리고 예수께서 그들에게 말씀하셨다. "안식일에 선한 일을 하는 것이 옳으
냐? 악한 일을 하는 것이 옳으냐? 목숨을 구하는 것이 옳으냐? 죽이는 것이
옳으냐?" 그들은 잠잠하였다(막 3:4).

창조의 "이렛날에 하나님이 창조하시던 모든 일에서 손을 떼고
쉬셨으므로, 하나님은 그 날을 복되게 하시고 거룩하게 하셨다"(창
2:3). 그러나 날이 복되고, 거룩하다고 우리 자신이 복되고 거룩한
것은 아님을 압니다. 우리의 쉼이 창조가 아니라 파괴일 때가 너무
많습니다. 우리는 쉬어도 노동입니다. 밤새 피시방에서 게임에 열
중하는 사람들, 이른 아침 피곤에 찌든 모습입니다. 도박에 빠진 사
람들, 더 이상 건강한 모습이 아닙니다. 중노동입니다. 자기를 다스
릴 줄 모르는 영혼의 피폐함으로 버려진 존재가 됩니다. 일에 빠져
있는 이들, 그것을 부지런함이라고, 성실이라고 착각합니다. 그것
은 또 하나의 중독입니다.

참 쉼은 돌아보는 것이건만 멈출 줄 모릅니다. 우리는 쉴 줄을
모릅니다. 자기 영혼을 뒤돌아볼 시간조차 없는 우리에게 주님은
안식일이라는 날을 만들어 '쉬어라'고 명령까지 내리셨습니다. 그
리고 주님은 말씀하십니다. "수고하며 무거운 짐을 진 사람은 모두

내게로 오너라. 내가 너희를 쉬게 하겠다"(마 11:28). 화순 운주사 산 등성이에 왜 부처님이 누워 계신지를 알았습니다. 와불님의 팔을 베고 누워 초가을 하늘을 바라봅니다. 탐욕과 시기와 원망 그리고 미움이라는 무거운 짐을 내려놓습니다. 주님, 우리로 참 쉼을 누리는 새털 같은 가벼움을 누리게 하옵소서.

2017. 10. 1.(창조절 다섯째 주일, 세계성만찬주일, 군선교주일,
한가위감사주일)

요한복음 6:48-51

● ● ●

나는 하늘에서 내려온 살아 있는 빵이다. 이 빵을 먹는 사람은 누구나 영원히
살 것이다. 내가 줄 빵은 나의 살이다. 그것은 세상에 생명을 준다(51절).

주님, 너도나도 집으로 향하는 추석입니다. 만물의 수확을 두고
부모와 조상 앞에 서서 감사를 드립니다. 하지만 임금을 제 때에 제
대로 받지 못하여 고향에 가지 못하는 이들도 있습니다. 노사가 서
로를 바라보는 눈길이 달빛처럼 순하지 않습니다. 서로 다른 의로
날이 서 있습니다. 아직 마음에 고운 달이 뜨지 않았습니다. 노사만
이 아닙니다. 우리를 불안하게 하는 것은 남과 북의 갈등입니다. 무
시무시한 핵무기의 살벌한 대립은 마음의 달을 일그러뜨리고 있습
니다. 평화가 아니라 힘의 선택을 해야 하는 약소국의 비애가 계속
됩니다. 서로를 향한 거친 말로 상처를 냅니다. 주님, 대립과 갈등
을 버리고 좀 더 둥글어지기를 두 손 모아 기도합니다. 서로를 존중
하며 서로의 마음을 다칠까 삼가 조심하는 달빛 마음이 회복되게
하옵소서.

노동자와 사용자가, 남과 북이 서로의 행복을 기원하며 서로에
게 밥을 먹여주는 밥상 공동체를 이루게 하옵소서. 아직 돌아오지

않은 이들의 빈 자리를 기다릴 줄 알게 하옵시고 생명의 빵으로 오신 주님을 닮게 하옵소서. 힘들어하는 이웃에 대해 애끓는 마음, 애타는 마음을 주시어 무엇보다도 우리 마음의 하늘에 곱고 둥근 달이 뜨게 하옵소서. 내년에는 제발 개성공단에서, 금강산에서 남과 북이 함께 화해의 만남을 이루게 하옵소서.

2017. 10. 8.(창조절 여섯째 주일)

마가복음 7:31-37

• • •

그리고 하늘을 우러러보시고서 탄식하시고, 그에게 말씀하시기를 "에바다"
하셨다[그것은 열리라는 뜻이다](34절).

주님, 하늘이 열리는 10월입니다. 이 민족이 하늘을 열어 홍익
인간弘益人間 – 이화세계理化世界의 대업을 시작한 개천절이 들어 있습니
다. 그러나 우리는 분단되어 서로 닫아 버린 하늘을 갖고 있을 뿐입
니다. 그럼에도 부끄러운 줄 모르고 서로에게 손가락질을 합니다.
남과 북은 하나의 말을 쓰면서도 이제 생각이 다르고 이념이 다릅
니다. 일부러 다른 것만 찾아 겹겹이 더 닫혀 버렸습니다. 그럼에도
부끄러운 줄 모르고 밖에 나가서도 서로를 욕합니다. 분단의 아픔
을 반목과 전쟁으로 악화시킬 뿐, 영원한 분단의 저주를 마다하지
않습니다.

571년 전 세종대왕은 백성에게 한글을 주었습니다. 서로 소통
하라고, 서로 격려하라고, 서로 위로하라고, 서로의 기쁨과 슬픔을
나누라고 하나의 말, 하나의 글을 주었습니다. 그렇지만 우리는 서
로 싸우는 데, 서로 욕하는 데, 서로 괴롭히는 데 이 한글을 썼습니다.

귀를 열어 서로 들으라고 입을 열어 서로 사랑하라고 하셨지만
우리는 한 입으로 찬양과 저주를 함께 말합니다. 우리의 가식이고

위선입니다. 주님, 이 시간 우리를 불쌍히 여기셔서 우리의 마음에 하늘이 열리는 개천의 축제를 찾게 하옵시고, 마음을 여는 우리 고유의 말을 소중히 여기는 은총을 주옵소서.

2017. 10. 22.(창조절 여덟째 주일)

이사야 42:5-9

• • •

나는 주다. 이것이 나의 이름이다. 나는, 내가 받을 영광을 다른 사람에게 넘겨 주지 않고, 내가 받을 찬양을 우상들에게 양보하지 않는다(8절).

주님, 일제 강점기에 교회가 저지른 친일 행적을 기억합니다. 당시 대다수 교단 총회장과 지도급 목사들이 전투기와 기관총 대금을 헌납하고 심지어 교회 종까지 떼어다 바쳤으며 십계명과 정면 배치되는 신사참배를 결의 실천하면서 황국신민사상을 전파하고 기독청년들을 전쟁에 내몰았습니다. 해방 후 70년이 넘었지만, 우리 교단을 제외하고는 작은 죄책 고백 하나 나오지 않았습니다. 여전히 친일 목사들이 교계의 지도자들로 추앙받고 있습니다. 친일 죄책 고백은 금기시되고 있습니다. 이 목회자들은 자신들도 피해자라고 강변하며 교계 지도자들로 건재하고 있습니다. 교회를 지키기 위한 불가피한 친일이었다고 변명합니다. 나라와 민족을 위해 나라를 팔아넘길 수밖에 없었다는 을사오적과 같습니다.

주님의 복음보다는 권력에 대한 굴종이 우선이었습니다. 이것은 지금도 계속됩니다. 친일 권력의 국정 농단에 춤추는 태극기 집회는 대다수 그리스도인에 의한 것입니다. 나부끼는 것은 거짓 태극기만이 아닙니다. 우리는 성장주의 성공주의 신화에 춤추고 있습니다. 이것이 우리 모습입니다. 십자가는 장식품으로 전락하였고 십자가 없는 헛된 부활의 영광만을 찬양합니다. 말씀은 왜곡되고 믿음에는 좌우 색깔만 있을 뿐입니다. 결국 은혜는 천박한 싸구려로 전락하고 남발됩니다.

주님, 길 잃은 교회이지만 자신이 길을 잃었다는 것조차 느끼지 못하고 있습니다. 500년 전 개혁가들의 탄식이 들려옵니다. 우리를 향한 성령의 신음이 들려옵니다. 주님, 길을 찾는 교회가 되게 하옵소서. 스스로 낮아져 길이 되는 그리스도의 몸 된 교회가 되게 하옵소서. 주님, 이 뼈아픈 탄식에 귀를 열고 마음을 찢는 회개의 기도를 드리게 하옵소서.

2017. 10. 29.(창조절 아홉째 주일, 종교개혁주일(500주년))
마태복음 4:1-11

•••

> 예수께서 대답하셨다. "성경에 기록하기를 '사람이 빵으로만 살 것이 아니라,
> 하나님의 입에서 나오는 모든 말씀으로 살 것이다' 하였다"(4절).

주님, 500년 전 종교개혁으로 개신교가 출발하였지만, 개혁의
대상이 된 지 이미 오래입니다. 하나님과 예수 그리스도는 없고 교
회 지도자의 권력만 있습니다. 그러나 부끄러워할 줄 모릅니다. 교
황은 오류가 없다는 것에 저항한 개신교가 이제는 성직자의 무오를
주장하며 하나님 아닌 사제에 대한 순종을 강요합니다. 예수님은
맛 잃은 소금은 땅에 버려져 짓밟힌다고 말씀하셨습니다. 타락한
종교처럼 추한 게 없습니다. 그렇기에 교인은 있지만, 사람다운 사
람은 없습니다. 제 뜻을 구하려는 신자는 있지만, 주님의 뜻을 따르
겠다는 제자는 없습니다.

"타락한 종교는 사람들의 정신을 얽어매는 오랏줄입니다. 그릇
된 종교 지도자들은 마치 자기가 하늘의 신비를 다 아는 것처럼 말
하면서 사람들의 마음을 자기에게 예속시킵니다. 종교의 본령은 사
람들을 자유하게 하는 것인데, 오히려 사람들을 종이 되게 만듭니
다"(김기석 목사, 2016. 10. 30. 주일 설교에서).

죄의 종이 되어 오히려 많은 사람을 죄에 빠지게 하고 죄에 무디

게 합니다. 오직 자신의 탐욕을 기도로 미화할 뿐, 자신의 부끄러운 민낯을 성찰하지 못합니다. 나아가 불의한 권력에 저항하는 프로테스탄트 정신은 사라지고, 가난하고 억울한 이들의 신음소리에 귀를 막습니다. 주님, 이 시간 참회의 기도를 드리오니, 참사람을 회복하게 하옵소서.

2017. 11. 26.(창조절 열셋째 주일)

마가복음 7:31-37

•••

예수께서 이 일을 아무에게도 말하지 말라고 그들에게 명하셨으나, 말리면 말
릴수록, 그들은 더욱더 널리 퍼뜨렸다(36절).

"주 하나님께서 내 귀를 열어 주셨으므로, 나는 주님께 거역하
지도 않았고, 등을 돌리지도 않았다"(사 50:5). 예언자 이사야의 고백
입니다. 하나님이 열어 주신 귀가 있어야 하나님의 뜻에 따른다는
고백입니다. 그러나 거룩한 주님께는 닫혀 있고, 더러운 영에게는
열려 있는 우리의 귀입니다. 더러움을 들었기에 더러움을 말합니
다. 부정한 입술로 어찌 하늘의 복을 바라겠습니까? 이사야의 참회
가 들려옵니다. "재앙이 나에게 닥치겠구나! 이제 나는 죽게 되었구
나! 나는 입술이 부정한 사람인데, 입술이 부정한 백성 가운데 살고
있으면서, 왕이신 만군의 주님을 만나 뵙다니!"(사 6:5)
주님, 우리가 바로 그런 사람들입니다. 더러움에 열려 있는 우리
귀이기에 들은 대로 말하는 부정한 우리 입입니다. 부끄럽습니다.
주님, 오늘 거룩한 예배를 통해 우리의 부정한 귀와 입을 주님의 말
씀으로 태워 주옵소서. 그 말씀이 아프더라도 그 아픔을 통해 거룩
의 귀와 입을 회복하게 하옵소서. 말씀으로 침을 뱉으시는 주님을
외면하지 않게 하옵소서. 모욕과 수치로 여기지 아니하고 부끄러운

자화상을 보며 참회하게 하옵소서. 그리하여 예언자 이사야처럼 지친 사람들을 격려하는 입술, 하나님의 말씀을 전하는 입을 허락하여 주옵소서.

2017. 12. 3.(대림절 첫째 주일)

시편 40:1-4

•••

내가 간절히 주님을 기다렸더니, 주님께서 나를 굽어보시고, 나의 울부짖음을 들어 주셨네(1절).

주님, 다시 기다림의 계절이 왔습니다. 기다리라고 하셨지만, 현실에 쫓겨 허둥대며 살았습니다. 쉽게 절망했고 쉽게 포기했습니다. 깜깜한 밤이 지나야 새벽의 여명이 온다는 것을, 더딘 고난의 여로를 통해 영광이 온다는 것을, 죄를 십자가에 못 박아 죽인 날들을 통해 부활이 온다는 것을 깨닫지 못했습니다. 정작 기다린 분은 우리가 아니라 하나님 자신이었습니다. 우리가 하나님을 기다린 것이 아니라 하나님이 우리를 기다리셨습니다. 부모가 자식의 성장과 성숙을 기다리듯 오래 참으시며 우리를 기다렸지만 우리는 오히려 하나님의 너그러우심을 소홀히 여겼습니다. 우리는 우리가 받을 진노를 쌓고 있습니다. 그의 기다림에 한계가 있음을 알지 못합니다.

주님은 우리의 온전함을 향한 우리의 기다림을 바라십니다. 주의 길을 닦으라고 하셨지만 우리는 부지런히 제 욕심의 길만 닦아 왔습니다. 회개하라고 하셨지만 우리는 여전히 죄에 둔감했습니다. 하나님의 나라를 선포하셨지만 우리는 속된 세상을 동경했습니다. 주님, 기다리지 못해 다른 이들을 정죄한 날들이 부끄럽습니다. 주님, 지금 이 시간조차도 여전히 누군가에 대해 기다림 없이 속단하고 정죄하고 멸시하는 부끄러운 나 자신을 보게 하옵소서.

2017. 12. 10.(대림절 둘째 주일)

사사기 21:13-24

• • •

그들이 또 말하였다. "베냐민 지파에서 살아 남은 남자들에게도 유산이 있어야, 이스라엘 가운데서 한 지파가 없어지지 않을 것입니다"(17절).

주님, 날이 추워집니다. 지진으로 고통을 당하고 있는 포항의 이웃들이 자기 집으로 아직 돌아가지 못하고 있습니다. 차디찬 냉골의 방에서 외로움으로 죽어가는 우리 이웃들이 있습니다. 부모로부터 학대당하고 버려져 육신의 추위는 물론 마음의 추위에 떨고 있는 어린아이들이 있습니다. 이들은 오늘 아기 예수로 오고 있습니다. 주님, 아기 예수를 맞이할 내 믿음의 자궁은 든든한지 목자로서의 나 자신부터 돌아봅니다.

주님, 이 강단에서 말씀을 전한 지 벌써 6년이 되었습니다. 한 손에 성서를 들고 한 손에 신문을 들고 서 있으려고 했지만, 주님의 뜻으로 세상을 응시하기에는 너무나 무거웠고 무서웠습니다. 나 하나 세우기도 힘들어하면서 더 많은 사람이 이 자리에 오기를 바라는 욕심은 줄어들지 않았습니다. 사람을 길러내는 목회가 아니라 조직을 키우는 목회였습니다. 그럼에도 무거운 말씀만을 오늘도 전하고 있습니다. 살지도 못하면서 전한 익지 않은 말씀들이었습니다. 얼어붙은 마음에 위로가 되기보다는 질책으로 교우들을 힘들게 했습니다. 지팡이 외에는 아무것도 지니지 말고 먹을 것이나 자루도 가지지 말고 전대에 돈도 지니지 말며 신발은 신고 있는 것을 그대로 신고 속옷은 두 벌씩 껴입지 말라고 하셨지만, 귓등으로도 듣지 않았습니다. 그저 말이려니 생각했습니다.

"너희에게 화가 있다. 너희는 사람들이 들어오지 못하도록 하늘나라의 문을 닫기 때문이다. 너희는 자기도 들어가지 않고, 들어가려고 하는 사람도 들어가지 못하게 하고 있다." 제게 화를 쏟아 부어도 할 말이 없습니다. 이제 우리로 옮깁니다. 아기 예수로 오시는 주님, 이 땅의 버거운 이들을 위한 마음의 구유가 준비되어 있느냐 물으시면, 부끄러운 마음뿐입니다. 주님, 오늘 우리의 더러움을 씻는 참회로 아기 예수 잉태할 겸허한 말구유 마음을 닦게 하옵소서.

마가복음 7:31-37

• • •

사람들이 몹시 놀라서 말하였다. "그가 하시는 일은 모두 훌륭하다. 듣지 못
하는 사람도 듣게 하시고, 말 못하는 사람도 말하게 하신다"(37절).

주님, 삶이 겨울 칼바람처럼 고되고 아픕니다. 운명의 끝처럼 주
저앉게 합니다. 기다리라고 주님은 말씀하시지만 기다릴 것 없는
삶, 뻔한 삶처럼 축 늘어진 어깨를 매만질 뿐입니다. 누군가가 갖다
놓은 냉장고 속의 '설레임'이라는 빙과가 오랫동안 남아 있지만, 설
렘이 사라진 지 오래되었습니다. 주님, 우리는 특별한 것을 바랍니
다. 일상을 놓쳤습니다. 너희 가운데 있다는 하나님의 나라를 보지
못하고 듣지 못하고 당연히 말하지도 못합니다. 일상의 소중함을
잃었습니다. 어느 시인의 노래처럼 "저녁때 / 돌아갈 집이 있다는
것 / 힘들 때 / 마음속으로 생각할 사람이 있다는 것 / 외로울 때
/ 혼자서 부를 노래가 있다는 것"(나태주, <행복>)이 행복이라고 여기
지 않습니다. 첫눈이 내리는 날 만나자고 약속했던 그 젊은 날의 유
치한 설렘이 그립습니다. 그러나 이제 과거가 좋았다는 푸념은 하
지 않겠습니다.

말씀에 귀를 막고 말씀으로부터 도망친 우리가 말씀이신 주님
앞에 섰습니다. 행복을 듣기 위해서고 소망을 말하기 위해서입니

다. 그리고 단 한 번뿐인 생을 이렇게 살 수 없습니다. 주님, 내 귀를 열어 주저앉은 우리를 주님의 부활처럼 일으켜 주옵소서. 그리고 입을 열어 주님이 주신 생을 찬미하게 하옵소서. 지금 고된 것은 내 일이 있기 때문인 것을, 지금 힘든 것은 희망이 있기 때문인 것을, 지금 느린 것은 목표가 있기 때문이라는 것을, 지금 아픈 것은 행복이 있기 때문이라는 것을 가슴에 품게 하옵소서. 그 가슴에 영원한 생명이신 아기 예수 꿈틀거리는 생명의 약동을 듣는 귀 그리고 말하는 귀를 주옵소서.

2017. 12. 24.(대림절 넷째 주일)

로마서 8:28-39

● ● ●

> 그리하여 하나님께서는 이미 정하신 사람들을 부르시고, 또한 부르신 사람들을 의롭게 하시고, 의롭게 하신 사람들을 또한 영화롭게 하셨습니다(30절).

주님, 주님께서 아기로 오신 날, 두 살배기 이하 아이들이 권력에 눈이 먼 헤롯의 칼에 쓰러져 갔습니다. 예언자 예레미야의 예언이 이루어지고 만 것입니다. "라마에서 소리가 들려왔다. 울부짖으며, 크게 슬피 우는 소리다. 라헬이 자식들을 잃고 우는데, 자식들이 없어졌으므로, 위로를 받으려 하지 않았다." 오늘도 이 슬픈 울음은 그치지 않고 있습니다. 당신이 오신 지 2,000년이 지나도 평화는 곤두박질치고 생명은 죽음 앞에 주저앉아 있습니다. 그럼에도 더 큰 문제는 이웃들의 신음소리에 귀를 막고 있는 우리 자신입니다. "우리가 너희에게 피리를 불어도 너희는 춤을 추지 않았고, 우리가 곡을 해도, 너희는 울지 않았다"는 주님의 질책 그대로입니다. 공감 이입이 없는 이기적 존재입니다. 그러나 오히려 주님이 오셔도 나아진 것이 없는 세상 앞에서 우리는 주님의 무기력함을 불평합니다.

하늘도 무심하십니다. 일어서야 할 것은 우리 자신임에도 우리는 그저 바라만 보며 주님을 원망합니다. 여전히 우리는 가리킨 달

200 │ 전에는… 이제는…

은 보지 않고 손가락만 쳐다봅니다. 남의 자식 보듯 아기 예수를 보고 있습니다. 내가 잉태해야 할 내 모습임을 깨닫지 못합니다. 아기 예수가 자라듯 내가 자라 그리스도의 분량에 이르는 믿음의 성숙함에 이르러야 한다는 것을 깨닫지 못합니다. 나의 성탄이 없이 주님의 성탄도 없음을 알지 못합니다. 나의 부활이 없이 주님의 부활도 없다는 것을 알지 못합니다. 하나님은 오직 나를 통해 당신의 뜻을 펼치고 있음을 깨닫지 못합니다. 주님, 우리를 불쌍히 여겨 주옵소서. 우리 안의 아기 예수가 자라 내가 사는 것이 아니라 내 안의 그리스도가 사는 참 생명의 은총을 주옵소서.

2017. 12. 31.(성탄절 첫째 주일, 송년주일)

시편 94:16-19

● ● ●

주님, 내가 미끄러진다고 생각할 때에는, 주님의 사랑이 나를 붙듭니다. 내 마음이 번거로울 때에는, 주님의 위로가 나를 달래 줍니다(18-19절).

시간의 주인이신 하나님, 오늘은 오늘은 하면서 결국은 2017년 도 마지막 오늘에 이르렀습니다. 시작이 있었다면 끝이 있다는 것을 알면서도 어제처럼 살아온 오늘이 부끄럽습니다. 영산강 둑을 바라보며 강물의 끝이 바다의 시작임을 봅니다. 이것은 은총입니다. 끝이 시작임은 시간의 매듭을 통해 삶의 옷깃을 다시 여미게 해 주시는, 시간의 창조자가 우리에게 주는 선물입니다. 그 끝과 시작이 오늘입니다.

오늘은 오!, 늘!이라고 말씀하시는 유영모선생의 가르침이 생각납니다. 하루하루의 삶 속에 영원이 있음을 깨우쳐 줍니다. 오늘은 과거를 보는 오늘이고 오늘은 미래를 보는 오늘입니다. 북항의 저녁노을에서 하루의 끝이 느껴지기보다는 다가올 새벽의 여명이 기다려집니다. 주님, 과거에 묻혀 가는 2017년을 돌아보며 2018년을 그리게 하옵소서. 지난 세월이 힘들었기에 삶은 그만한 가치를 가졌고 그 가치 때문에 희망을 놓치지 않습니다. "희망이란 오늘을 힘겨워하는 사람들이 그 앞에 다가서는 창"(신영복, 『나무야 나무야』, 54

쪽)임을 봅니다.

　과거의 오늘은 다른 이들이 진 십자가 덕에 살아온 시간이지만 미래의 오늘은 내 십자가로 남을 살리는 거룩의 시간이 되기를 기도합니다. 주님, 싼값의 인생을 부끄러워할 줄 알며 나 같은 것이 무엇을 하겠습니까 하며 겸허를 위장한 도피를 비겁함으로 인정할 수 있는 마음을 갖게 하옵소서. 새해는 좀 더 무거운 자기 십자가를 질 수 있는 값진 삶을 살게 하옵소서. 겉치레의 비본질에 너무나 많은 시간과 비용을 쓰지 않게 하시어 본질의 삶에 충실하게 하옵소서.

남북 분단,
제 가슴을 치며

| 2018년도 |

2018. 1. 7.(주현절 첫째 주일, 새해주일)

이사야 42:5-9, 고린도후서 2:17, 요한복음 1:1-5

• • •

> 우리는, 저 많은 사람들처럼 하나님의 말씀을 팔아서 먹고 살아가는 장사꾼이
> 아닙니다. 우리는, 하나님께서 보내신 일꾼답게, 진실한 마음으로 일하는 사
> 람들입니다. 우리는 하나님이 보시는 앞에서, 그리스도 안에서 말하는 것입
> 니다(고후 2:17).

새해다 싶더니 벌써 1주일이 지났습니다. 사실 새 시간을 맞기
에는 아직 준비가 되지 않았습니다. 그러나 새해가 우리 사정과는
관계없이 덜컹 와버렸습니다. 사실 삶이 그러했습니다. 준비가 없
어도 떠나야 하는 것이 삶임을 알면서도 야속해합니다. 슬프고 아
플 때는 잠시 머무르기도 해야 하지만, 시간은 여전히 우리를 싣고
어디론가 가버립니다. 북항 바다가 보이는 노을 공원, 밀물과 썰물
을 보며 어느덧 우리 삶도 밀고 당기며 살아온 것입니다. 그리곤 어
느새 우리 인생에도 노을이 질 것입니다. 때론 강물처럼 흘렀고 때
론 갈대처럼 흔들렸습니다. 왜 흘렀는지, 왜 흔들렸는지 물음에 대
한 대답을 들을 머무름도 없이 한숨을 쉬고 살아왔습니다. 주님, 새
해는 나를 좀 더 알고 싶습니다. 남은 날들을 계산도 해보고 남은
시간에 소홀하지 않게 우리를 지혜롭게 하옵소서.

다시 말씀 앞에 섭니다. 주님, 말씀으로 나를 성찰하고 말씀으로

드러나는 내 실상 앞에 겸손하여 말씀으로 새로워지는 은혜를 베풀어 주옵소서. 멀리 제주도로 이사 간 두 내외가 보내온 귤을 까 입에 넣어 봅니다. 귤을 까며 내 속살이 아려오는 것을 느낄 수 있었습니다. 그리고 마음이 읽힙니다. 기도한 만큼, 마음 쓴 만큼 아픈 세월이 그리움을 만들었지만, 그냥 아픈 것만으로 끝나지 않기를 기도합니다. 주님, 다시 말씀 앞에 선 것은 그 말씀에 약속의 미래가 있기 때문입니다. 주님, 올해에는 말씀의 거울 속에 비친 내 모습을 즐겁게 그리고 새삼스럽게 보게 하옵시고, 힘겨운 나를 잘 쓰다듬는 마음도 주옵소서. 주님께서 맡겨주신 나를 함부로 대하지 않게 하옵시고 주님의 말씀으로 나를 가꾸는 데 게으르지 않게 하옵소서.

2018. 1. 14.(주현절 둘째 주일)
마가복음 7:31-37

• • •

예수께서 그를 무리로부터 따로 데려가서, 손가락을 그의 귀에 넣고, 침을 뱉어서, 그의 혀에 손을 대셨다(33절).

시간과 시간 안에 갇힌 육신만 새해에 들어와 있을 뿐 마음과 삶은 아직 낡은 것에 익숙합니다. 죽음이라도 남들이 가는 길이라면 묻지도 않고 따라갑니다. 나를 잃었습니다. 뭔가 많이 알고 있는 것 같은데 정작 알아야 할 내가 누구인지 모르고 있습니다. 주님을 믿고 있다고 하지만 정작 믿는 내가 누구인지는 모릅니다. 그렇기에 내가 아닌 남을 따라 살고 있습니다. 남이 사는 대로 살고 남이 말하는 대로 말합니다. 생각하며 살기보다는 사는 대로 생각했습니다. 그러나 어제의 짐을 진 채 오늘의 삶을 더하며 살 수는 없습니다.

오늘 다시 주님 앞에 서며 주님 말씀에 귀를 기울입니다. 그러나 듣는 것도 만만찮습니다. 정작 들어야 할 것은 못 듣고 내가 바라는 것만 들을 뿐입니다. 주님, 당신의 능력의 손가락을 내 귀에 넣어주시어 세상 소음에 휘청거리며 나를 잃지 않게 하옵소서. 오늘 우리의 귀에 침을 뱉어 주옵소서. 아픈 말씀의 소리에 우리 귀가 축복받게 하옵소서. 그리고 들은 것을 깨달아 세상을 향해 살림의 말씀을 전하게 하옵소서. 내 혀를 동여매는 굴레가 무엇인지를 살피게 하옵소서.

시편 8:1-9

● ● ●

주님께서 손수 만드신 저 큰 하늘과 주님께서 친히 달아 놓으신 저 달고 별들을 내가 봅니다(3절).

주님, 평화를 위한 인류의 제전인 평창 겨울 올림픽이 다가옵니다. 그러나 이를 바라보는 우리의 마음은 밝지만은 않습니다. 모든 것을 이념의 대결로만 보려는 어둠의 세력이 여전히 남·북 갈등을 부추깁니다. 평창의 눈 덮인 겨울 산야는 이념으로 사람과 나라를 가르지 않습니다. 문득 주님께서 밤하늘에 걸어 놓으신 달과 별들을 바라봅니다. 달빛과 별빛은 선한 사람과 악한 사람 모두에게 비칩니다. 그 악한 사람도 하나님의 자녀이기 때문입니다. 그러나 우리의 현실은 형제마저도 원수로 대하며 반목과 갈등으로 각을 세우고 있습니다. 주님, 이 민족을 불쌍히 여겨 주옵시고 서로를 용서하는 화해의 제전을 이루게 하옵소서.

별들은 다투지 않습니다. 별은 빛이 되어 누군가의 길을 밝혀줍니다. 서로에게 별이 되는 은총을 주옵소서. "물은 다투지 않는다"(김용화의 시, <참으로 사랑해 보라>에서)는 어느 시인의 싯귀가 생각납니다. "강물 흐르는 소리가 정답지 않은가 / 이윽고 바다에 이르면 큰 하나가 된다"(같은 시). 이 평화의 제전이 남과 북의 평화를 다시 세우고 평화통일로 가는 계기가 되게 하옵소서. 오늘은 주님께서 하늘에 걸어 두신 달과 별들을 보기 위해 이 자리에 왔습니다. 주님, 그 거룩한 빛들에 비춰진 추한 우리의 모습을 보며 부끄러운 참회를 드리게 하옵소서.

2018. 2. 11.(주현절 여섯째 주일, 신학교육주일, 설 주일)
요한계시록 21:1-8

•••

나는 새 하늘과 새 땅을 보았습니다. 이전의 하늘과 이전의 땅이 사라지고, 바다도 없어졌습니다(1절).

주님, 준비 없이 만난 지난 1월이었습니다. 지난 실패, 좌절, 고통의 상처가 아물지도 않은 채 밀고 들어온 시간입니다. 그러나 어느 세월에 우리의 상처가 아물겠습니까? 물론 시간이 치유해 주리라 생각하지만, 그 시간 속에서 우리는 뭔가를 하기에는 늦은 나이가 되어 버립니다. 그리고 시간이 약이라고 하지만 시간이 갈수록 더 깊어지는 상처도 있습니다. 시간이 답일 수는 없습니다. 그렇기에 주님은 우리 조상을 통해 다시 달의 시간을 허락하셨습니다. 이제 다시 시작입니다. 사실 중요한 것은 시간이 아니라 시간 속에 있는 우리 자신입니다.

이 시간 우리의 힘겨운 삶의 짐을 십자가 밑에 놓고 십자가를 바라봅니다. 십자가는 부활로 이어집니다. 역설이지만 상식이기도 합니다. 죽어야 다시 살 수 있습니다. 고난과 영광은 함께 가는 짝입니다. 그리고 보니 봄의 씨는 상처가 아문 자리에 심어지는 것이 아니라 오히려 상처가 있는 곳에 심는 것임을 깨닫습니다. 상처와 더불어 함께 피는 꽃이 더 빛나고 아름다움을 깨닫습니다. 주님, 우리 삶이 풍요로운 것은 상처가 있고 실패가 있고 아픔이 있기 때문이라는 것을 알게 하옵소서.

주님, 새해에는 땅에 집착하지 말고 하늘을 기르게 해 주십시오. 우리 몸에 하늘 마음을 담아, 하늘만큼 자라 사람이 곧 하늘임을 알게 해 주옵소서. 그리하여 부끄러운 성공보다 떳떳한 실패를 소중히 여기며 부정직한 신앙보다는 정직한 불신앙으로 믿음을 쌓아가게 하옵소서. 다시 시작하는 설, 온 가족의 만남도 하늘을 만나듯 만나게 하시옵고 하나님을 아버지로 삼는 우리에게 하늘 형제를 이루게 하옵소서.

2018. 3. 18.(사순절 다섯째 주일)

요한복음 4:3-10

• • •

예수께서 그 여자에게 대답하셨다. "네가 하나님의 선물을 알고, 또 너에게 물을 달라는 사람이 누구인지를 알았더라면, 도리어 네가 그에게 청하였을 것이고, 그는 너에게 생수를 주었을 것이다"(10절).

주님, 이 시간 옷을 찢는 것이 아니라 마음을 찢는 참회의 기도를 드립니다. 거룩한 자리에 나왔지만, 여전히 세속의 옷을 입고 있는 내 모습을 봅니다. 나이 서른이 넘었지만 뜻을 세우지 못하였고, 마흔이 넘었지만 유혹을 견디지 못하며, 오십이 넘었지만 하늘 뜻을 알지 못하며, 이순의 나이가 넘었지만 아직 거친 탐욕의 음성에 익숙하며, 칠십이 넘었지만 참 자유가 없습니다. 그런데도 부끄러운 줄 모르고 뜻 모를 말과 행동에 익숙하며 영웅호색으로 유혹을 자랑하며 땅의 현실에 취해 하늘을 빈정대며 탐욕의 소리만을 들으며 물질과 권력에 얽매임을 자유라고 여깁니다. 중심이 없습니다. 변두리 인생입니다. 늘 주변에만 머물면서 자신이 바라는 것만을 믿으며 사람의 소리에 휘청거립니다. 중심의 자리, 이웃의 아픈 소리, 세상의 신음소리에는 그들 탓이라고 여기며 귀를 막습니다.

주님, 오늘 산돌이라는 우물가에 오신 분이 누구인지, 그가 어떤 초췌한 이웃의 모습을 했는지, 그가 무엇을 목말라하는지 부끄러운 귀를 열게 하옵소서.

2018. 4. 8.(부활절 둘째 주일, 씨뿌림주일)

마가복음 12:18-27

•••

하나님은 죽은 사람들의 하나님이 아니라, 살아 있는 사람들의 하나님이시다. 너희는 생각을 크게 잘못 하고 있다(27절).

오늘 씨뿌림주일입니다. 우리의 먹거리를 위해 파종의 손길이 저마다의 밭에서 기다립니다. 감자, 도라지, 대파, 강낭콩 저마다 파종방법도 다릅니다. 흩어서 뿌리고 골 뿌리고 점 뿌리고 등 알지 못하는 것들까지 저마다의 생존의 방법이 있습니다. 생긴 밭이 다르기 때문입니다. 모두가 세심하게 그 맞는 파종을 시작으로 숱한 가꿈의 과정을 거쳐 추수를 향합니다. 그렇듯 주님이 주신 말씀의 씨앗이 우리 각자의 마음 밭에 뿌려집니다. 저마다의 삶의 밭이 다르지만 한 가지만은 분명합니다. 사도 바울은 우리를 향해 말합니다. "어리석은 사람이여! 그대가 뿌리는 씨는 죽지 않고서는 살아나지 못합니다"(고전 15:36).

주님, 주님은 한 알의 밀알이 썩어 죽어야 많은 열매를 맺을 수 있다는 가르침을 주지만 나의 주장, 나의 뜻, 나의 아집, 나의 이기심은 아직 죽지 않았습니다. 죽지 않았기에 아직 나는 나의 부활에 이르지 않았습니다. 여전히 부활절은 그저 하루 날을 잡아서 벌이는 파티일 뿐입니다. 죽지 않았기 때문임을 잘 알고 있습니다. "나는 날마다 죽습니다"(고전 15:31). 바울의 음성을 오랜 세월 동안 들어왔지만 이제 그 음성마저 빛이 바랬습니다. 그저 듣고 아멘 할 뿐입니다. 믿는 부활만 있지 사는 부활은 없습니다. 죽지 않았기 때문임을 질 일지만, 여전히 나의 기도는 나의 탐욕입니다.

바울은 "죽은 사람의 부활이 없다면, 그리스도께서도 살아나지 못하셨을 것입니다"(고전 15:13)라고 말하며 우리에게 부활의 삶을 충격적으로 전해 주고 있지만, 주님이 세상을 떠난 나이의 배 가까이 나이를 먹어도 부끄럽고 천박한 제 모습입니다. 주님, 오늘도 죄로 죽은 나의 죽음이 없이는 나의 부활이 없음을 깨닫게 하옵소서. 주님, 이 시간 다시 내 안에 주님의 일으켜짐을 구하오니, 주님의 뜻을 위해 내 뜻을 접는 참회의 기도를 드리게 하옵소서.

2018. 4. 15.(부활절 셋째 주일, 장애인주일, 4.19혁명기념주일)

요한복음 9:1-7, 35-41

•••

예수께서 대답하셨다. "이 사람이 죄를 지은 것도 아니요, 그의 부모가 죄를 지은 것도 아니다. 하나님께서 하시는 일들을 그에게서 드러내시려는 것이다"(3절).

오늘 장애인주일입니다. 이 땅에 등록된 장애인 250만 명이 있습니다. 우리는 그들을 불편해합니다. 그들은 느립니다. 그들을 바라보는 우리의 시선이 곱지 않습니다. 도움이 필요한 사람들이기에 짐처럼 느끼기도 합니다. 차별과 냉대가 그들을 바라보는 우리의 태도입니다. 우리 교회 역시 그들을 위한 문턱이 높습니다. 어느 것 하나 그들을 위한 시설은 없습니다. 당연히 우리는 그들을 품지 못합니다. 부끄럽습니다. 알고 보면 이런 우리 마음이 장애입니다.

주님, 장애인의 85% 이상이 후천적입니다. 그러나 어느 순간 우리 자신도 장애인이 된다는 것을 잊고 살아갑니다. 우리는 잠재적 장애인입니다. "너희의 눈은 지금 보고 있으니 복이 있으며, 너희의 귀는 지금 듣고 있으니 복이 있다"(마 13:16)라고 주님은 말씀하셨지만 우리는 정작 보아야 할 것은 보지 못하고 들어야 할 것을 듣지 못하여 깨닫지 못하는 영적 장애인입니다. 우리는 지금 정상인이 아니라 외적으로 비장애인일 뿐입니다. 이제 우리는 묻습니다. 하나님께서는 왜 이들을 우리 곁에 두셨는가를 묻습니다.

세계기독교교회협의회는 그들을 하나님이 주신 '존재의 선물'이라고 고백하자고 했습니다. '연약함'을 품는 데서 평화는 온다는 것을 우리는 잊고 삽니다. 우리는 여전히 전쟁과 폭력으로 장애인을 양산합니다. 우리는 평화를 위해서 하는 전쟁이라지만 거짓임을 우리는 잘 알고 있습니다. 또한 경쟁에 목숨을 건 우리가 얼마나 비참한 영적 장애인인가를 모르고 있습니다. 그들은 존재의 선물입니다. 그들과 함께 가면 전쟁이 없습니다. 그들과 함께 가면 경쟁의 기조인 빠름이 아니라 오히려 느림을 배울 수 있습니다.

주님, 우리를 향한 하나님의 구원은 그들 장애인으로부터 시작되었음을 깨닫게 하옵소서. 우리를 구원하는 그들이 얼마나 존엄한 생명인가를 깨닫게 하옵소서. 우리가 그들을 도와주는 것이 아니라 오히려 그들이 우리를 구원하는 하나님의 손길임을 깨달으며 깊은 참회가 삶으로 이어지게 하옵소서.

<h1>2018. 4. 22.(부활절 넷째 주일)</h1>

마가복음 12:18-27

● ● ●

예수께서 그들에게 말씀하셨다. "너희는 성경도 모르고, 하나님의 능력도 모르느냐, 잘못 생각하는 것이 아니냐? 사람이 죽은 사람들 가운데서 살아날 때에는, 장가도 가지 않고 시집도 가지 않고, 하늘에 있는 천사들과 같다" (24-25절).

주님, 수도 없이 부활 절기를 맞이하며 늘 주님만의 부활을 축하했습니다. 기적처럼 살아나신 주님 뒤에 숨은 우리는 여전히 부활의 주체가 아닙니다. 하긴 주님의 십자가에 편승하여 구원을 얻으려고 했던 우리이기에 자기 십자가가 없으니 우리의 부활이 있을 리 없습니다. 죄에 대해 죽어 있는 우리를 보지 못했습니다. 죄에 대한 뼈아픈 자성이 없으니 죽어 있으나 살아 있는 것처럼 살았습니다. 우리는 그저 실패 없는 성공, 고난 없는 영광, 죽음 없는 부활을 누리고자 했습니다. 우리는 그저 주님의 부활만을 본 목격자임을 "아멘" 하고 고백할 뿐입니다. 믿는 부활만 있지 사는 부활은 없습니다. 이 시간 다시 바울의 고백을 듣습니다.

내가 바라는 것은, 그리스도를 알고, 그분의 부활의 능력을 깨닫고, 그분의 고난에 동참하여, 그분의 죽으심을 본받는 것입니다. 그리하여 나는 어떻게 해서든지, 죽은 사람들 가운데서 살아나는 부활에 이르고 싶습니다(빌 3:10-11).

주님, 그분의 고난에 동참하여 그분의 죽으심을 본받는 것만이 죄에 대해 죽어 있는 내 안에 주님이 일으켜지는 길이라는 것을 깨닫지 못합니다. 부활절 때마다 달걀을 먹으면서도 그 알을 깨고 나와야 할 것은 나 자신이라는 것을 깨닫지 못합니다. 주님, 우리로 스스로 안주한 알을 깨는 고난을 통해 나의 부활에 이르게 하옵소서.

2018. 4. 29.(부활절 다섯째 주일)

느헤미야 2:1-10

• • •

왕에게 말씀드렸다. "임금님께서 좋으시면, 임금님께서 소신을 좋게 여기시면, 소신의 조상이 묻혀 있는 유다의 그 성읍으로 저를 보내 주셔서, 그 성읍을 다시 세우게 하여 주시기를 바랍니다"(5절).

남과 북의 만남, 그깟 한 발자국이면 넘을 군사분계선, 이 선 하나를 두고 얼마나 많은 이들이 죽고 고통을 당했는지 주님은 우리 민족의 지난 어리석음을 잘 아십니다. 어릴 때 학교 책상에 금을 그어 놓고 종종 다퉜던 어린 시절의 미숙함이 어른이 되어서도 금 하나 넘었다고 총과 대포, 아니 핵미사일까지 살벌함으로 키워 온 우리입니다. 그러나 부끄러움도 모르고 더 많이 죽이는 것을 자랑했고 더 많은 증오하는 것에 익숙해졌습니다.

여전히 전시작전권은 우리에게 있지 않습니다. 집에 강도가 들어와도 칼을 들어야 할지 몽둥이를 들어야 할지 다른 이에게 물어야 합니다. 오랜 그리고 엄청난 희생을 치르면서 우리는 이것을 해결할 사람은 당사자인 남과 북, 우리 민족이라는 것을 깨달았습니다. 주님, 이제 갈등과 반목의 피어린 철조망을 거두어 주옵소서. 살벌함으로 가득했던 비무장지대에 평화의 성읍을 세워 주옵소서.

우리가 하나 되기를 바라시는 주님, 하나 되는 것이 신앙임을 알게 하옵소서. 주의 말씀은 하나 되는 약속임을 알게 하옵소서. 주님, 가정에서부터, 교회에서부터 말씀이 삶이 되는 평화의 성읍이 되게 하옵소서. 그렇기에 말씀으로 새로워지는 교회가 되게 하시옵고 우리도 말씀이 삶이 되는 거룩한 지체로 삼아 주옵소서.

2018. 5. 6.(부활절 여섯째 주일, 교회교육주일, 어린이주일)

마가복음 10:13-16

• • •

그러나 예수께서는 이것을 보시고 노하셔서, 제자들에게 말씀하셨다. "어린 이들이 내게 오는 것을 허락하고, 막지 말아라. 하나님 나라는 이런 사람들의 것이다"(14절).

주님, 여기저기 어린이 놀이터도 많이 세워졌지만 정작 놀아야 할 어린이는 찾기 쉽지 않습니다. 이 학원 저 학원 다니다 파김치가 되어 돌아오는 아이들만 보게 됩니다. 주님은 "어린이들이 내게 오 는 것을 허락하고, 막지 말아라"(막 10:14)고 말씀하셨지만 우리는 그 말씀을 외면한 지 오래되었습니다. 어쩔 수 없는 현실이라고 자 조적인 변명만 할 뿐입니다. 연 사교육비가 20조 원에 육박합니다. 그렇게 써도 아깝지 않은 것이라면 좋겠습니다만 오히려 아이들의 삶은 황폐해지고 교육이 아니라 사육으로 치닫는 현실입니다. '내 아이만 뒤처지면 어쩌나' 하면서 경쟁의 화덕에서 학대당하는 아이 들을 손 놓고 보고 있습니다. 심지어 이제는 사교육 시장이 경제를 이끌어가고 있습니다. 마치 미국의 무기 산업이 총기 사용을 금지 하지 못할 정도로 커져 버린 것처럼 우리의 사교육 시장도 교육 삯 꾼들로 가득 차 있습니다.

결국 교육으로 인한 차별은 커져 가고 빈부의 차이를 너머서 극심한 인간 장벽이 고착화됩니다. 더불어 함께 사는 사회는 저 멀리 달아납니다. 공부 잘하는 괴물들이 적지 않습니다. 교육계는 물론 법조계, 정계, 종교계에 사는 그 괴물들이 끔찍합니다. 그들이 우리 사회를 이끌어 갑니다. 우리는 지금 사람을 사람답게 만드는 교육을 하는지 절박한 마음으로 물어야 하건만 자꾸 때가 늦어져 돌아올 수 없는 길을 가고 있습니다. 주님, 우리 아이가 슬픈 교육을 받지 않기를 기도합니다. 그러기 위해 우리가 아이들을 위해 남겨져야 할 세상을 생각하게 하옵소서. 살리는 교육, 살리는 부모가 되게 하옵소서.

2018. 5. 13.(부활절 일곱째 주일, 어버이주일,
5.18민주화운동기념주일)
롯기 2:1-13, 에베소서 6:1-3

● ● ●

자녀 된 이 여러분, [주 안에서] 여러분의 부모에게 순종하십시오. 이것이 옳은 일입니다(엡 6:1).

"조선은 노인 천국이다. 다시 태어나면 조선에서 노인으로 살고 싶다." 주님, 구한말 캐나다 출신 게일 선교사의 말입니다. 벽안의 선교사가 탄복할 정도로 우리나라는 동방예의지국이었습니다. 그런데 어느 때부터인가 동방무례지국이 되고 말았습니다. "백발이 성성한 어른이 들어오면 일어서고, 나이 든 어른을 보면 그를 공경하여라. 너희의 하나님을 두려워하여라. 나는 주다"(레 19:32). 레위기의 가르침입니다. 어른 공경 그 중심에 부모 공경이 있습니다. 그저 공부만 잘하면 부모 공경인가요? 그저 속만 안 썩이면 부모 공경인가요? 부모의 마음을 헤아려 자신의 뜻을 접고 부모의 뜻을 따르는 일이 효의 마음 바탕이지만 결혼 이후 부모는 가족에서 제외되고 있는 것은 아닐까요? 아이나 봐주면 모를까 오히려 짐처럼 생각하며 넌지시 가족 밖으로 밀어내고 있는지도 모릅니다.

그래서 부모 마음을 이날만이라도 헤아리자고 어버이날을 만들었는데 정말 말 그대로 그날만 뭔가를 들고 와 큰일 한 것처럼 여기

고 있는 우리 모습입니다. 하긴 그것도 안 하는 자식이 많다고 그나마 위로 삼고 있지는 않나요? 마치 혼자서 태어난 사람처럼, 혼자 자라난 사람처럼 너무도 뻔뻔하게 살아가고 있습니다. 주님, 이제라도 사주 찾아뵙겠습니다. 이제라도 안아드리겠습니다. 이제라도 그 마음을 헤아리고 그분들의 뜻을 삼가 조심하여 살피겠습니다. 그러나 그렇게 조금 철이 드는 순간 부모가 안 계시다는 것을 알았습니다. 주님, 엄마 아빠일 때만 그립고 어머니 아버지일 때는 귀찮아하는 우리의 비참한 모습을 보며 참회의 기도를 드립니다.

2018. 5. 20.(성령강림주일)
이사야 30:19-21, 마태복음 10:24-25

● ● ●

비록 주님께서 너희에게 환난의 빵과 고난의 물을 주셔도, 다시는 너의 스승들을 숨기지 않으실 것이니, 네가 너의 스승들을 직접 뵐 것이다(사 30:20).

子曰자왈 黙而識之묵이식지 學而不厭학이불염
誨人不倦회인불권 何有於我哉하유어아재
공자께서 말씀하셨습니다. 묵묵히 진리를 알아내며, 배우면서 싫증을 내지 않고, 남 가르치기를 게을리하지 않는 것, 오! 어느 것이 나에게 있겠는가? (『논어』「술이편」 2장).

주님, 우리가 물어야 할 질문입니다. 그러나 진리에 대한 절실함보다는 내 이익에 눈이 어두웠습니다. 배우는 겸손과 온유보다는 자신을 드러내고 싶은 자만에 빠졌습니다. 그리고 정작 배워야 할 것을 배우지 못했고 가르쳐야 할 것을 가르치지 못했습니다. 결국 스승을 찾는 것에 목말라 하지 않았고 제자의 길도 가지 못했습니다. 당신의 거울 앞에 선 오만방자함만이 넘치는 저 자신입니다. 자신만이 스승일 뿐입니다.

사람 됨은 제자 됨에 있음을 깨닫지 못합니다. 들어야 할 말을 듣지 않았고 해야 될 일을 하지 않았습니다. 책임은 지지 않고 권리만을 누리고자 합니다. 사람 됨의 기초가 배우는 자세에 있음을 깨닫지 못했습니다. 겸손한 마음도 없었고 마음도 굳게 닫혀 있고 기꺼이 위험을 감수하는 실험정신도 갖추지 못했습니다. 이제 이 나이에 무일 배우나 하며 나이 탓을 하기노 했습니다. 수님을 믿는다면서 자신의 욕망을 구하는 사이비 신자의 길을 신앙으로 오인했고, 힘들다고 주님을 따르는 제자의 길에 오히려 원망했습니다.

주님, 이 시간 배움의 길을 멈춰버린 제 죽은 모습을 봅니다. 이 참회의 시간, 황금보다 소중한 주님의 말씀에 귀를 기울여 더러운 마음을 닦아내게 하옵소서.

2018. 8. 5.(성령강림 후 열한째 주일)

신명기 6:1-9

• • •

내가 오늘 당신들에게 명하는 이 말씀을 마음에 새기고, 자녀에게 부지런히 가르치며, 집에 앉아 있을 때나 길을 갈 때나, 누워 있을 때나 일어날 때나, 언제든지 가르치십시오(6-7절).

안락하고 쉬운 길에 익숙합니다. 십자가 앞에서 예배를 드리지만, 여전히 예수님의 십자가일 뿐입니다. 미안함은 있지만, 참회는 없습니다. 자기 십자가가 없습니다. 갈등 없이 예배를 드린 지도 오래되었고 형제와 불화하면서도 미소를 띠며 주님께 다가서는 뻔뻔함은 놀랍지도 않습니다. 길다운 길에 들어서지도 않고 길다운 길을 가르치지도 않습니다. 죄를 짓고 용서를 구하는 일도 빨래하고 다시 더럽히는 일의 반복과 같습니다. 길이신 주님이라고 고백하지만, 그 길을 외면하면서도 교회를 다니는 데 익숙합니다. 교회 생활, 신앙생활로 구원을 보장받은 듯 여깁니다. 삶은 신앙과는 먼 길을 재촉합니다. 분명한 것은 주님의 길은 가지도 않고 원하지도 않는다는 것입니다.

먼 길을 떠나도 죄는 떠나지 않습니다. 12시간이 넘게 비행기를 타고 가도 원망, 증오, 시기, 교만, 탐욕은 언제나 동승입니다. 교인은 되었지만, 아직 사람됨에 이르지 못했습니다. 목사는 되었지만,

아직 사람다운 사람의 길에 서지 않았습니다. 그리고 그 길이 힘들어 가르치는 일도 하지 않습니다. 하나님의 나라에 내 자녀가 없는 것에 우리는 놀라지도 않습니다. 나도 하나님의 나라에 이르지 못하시만 남노, 자녀도 들어가지 못하게 합니다. 다음 세대를 기약할 수 없습니다.

오늘 다시 사는 길을 묻습니다. 주님, 오늘만은 십자가 앞에 부끄러운 모습으로 길을 묻게 하옵소서. 그리고 그 길을 우리 자녀, 다음 세대에게 전하게 하옵소서. 그것이 광야 인생의 죽고 사는 길이 걸려 있음을 깨닫게 하옵소서.

2018. 8. 26.(성령강림 후 열넷째 주일)

창세기 8:1-12

•••

그 비둘기는 저녁때가 되어서 그에게로 되돌아왔는데, 비둘기가 금방 딴 올리브 잎을 부리에 물고 있었으므로, 노아는 땅 위에서 물이 빠진 것을 알았다 (11절).

주님께 나아와 주님을 찬양하며 주님의 말씀을 들으며 주님의 십자가 앞에서 참회를 드리고 있지만, 우리 마음 중심에 뱀처럼 똬리 틀고 앉은 탐욕을 주체할 수 없음을 고백합니다. 주님의 이름으로 기도드리고 있지만 내 이름으로 된 욕망임을 봅니다. 씻을 수 없는 죄와 힘든 일 앞에서는 늘 주님을 핑계 삼아 '은혜'라는 말을 수도 없이 썼습니다. 마치 그 은혜를 아는 것처럼 말입니다. 하나님도 후회한 세상에서, 그 후회의 대상에서 나는 조금 멀리 떨어져 있는 양 착각하고 있습니다. 정말 빚진 자임을 안다면 빚을 갚는 자리에 있어야 하건만, 대속의 신앙으로 너무나 쉽게 용서받고 있음을 압니다. 주님의 은혜로라는 말로 가식의 '아멘' 외는 아무것도 하지 않았음에도 부끄러워할 줄 몰랐습니다.

오늘 다시 주님의 말씀으로 씻김을 받고자 이 자리에 나왔습니다. 말씀의 홍수로 우리를 씻겨 주시옵고 죽을 수밖에 없는 심판 앞에 있지만, 심판 속에 담긴 은혜를 보게 하시어 구원의 방주를 지을 수 있게 하옵소서. 주님 말씀 따라 희망의 방주를 스스로 지을 수 있는 땀을 뿌리게 하옵시고, 우리가 있는 삶의 자리에서 세상을 향해 희망을 주는 우리가 되게 하옵소서.

2018. 9. 9.(창조절 둘째 주일, 교회연합주일)
고린도전서 3:1-3

•••

> 나는 여러분에게 젖을 먹였을 뿐, 단단한 음식을 먹이지 않았습니다. 그 때에
> 는 여러분이 단단한 음식을 감당할 수 없었습니다. 사실 지금도 여러분은 그
> 것을 감당할 수 없습니다(2절).

더럽혀진 마음을 파도에 헹구는 이 시간, 성숙한 바다에 내 마음을 띄웁니다. 주님이 바로 그 바다이십니다. 우리는 씻김을 위해 나왔지만 급한 것은 달라는 것뿐입니다. 그것이 얼마나 부끄러운 일인지도 모르고 우리는 기도라고 미화합니다. 젖 달라는 아이의 수준을 벗어날 줄 모릅니다. 쇳소리가 나듯 '주시옵소서'에 익숙한 우리네 교회 천장은 욕망으로 가득 차 있습니다. 그 욕망을 비우라는 십자가는 노리개에 불과합니다. 아직 우리는 타락의 유아기에 머물러 아벨을 죽인 가인의 변명을 반복할 뿐입니다. "제가 아우를 지키는 사람입니까?"

아우뿐이겠습니까? 자기 자신 하나 제대로 지키지 못하면서 너무도 당당한 변명입니다. 사실 가인의 죄는 그 자체가 형벌입니다. 여전히 사람을 의심하고 경계하고 차별합니다. 주님, 부끄러운 유아기를 벗어나게 하옵소서. 여전히 젖을 달라는 우리의 기도는 떼를 쓰는 아기와 다를 바 없습니다. 사랑받기만 원하고 사랑하기엔

너무 어렵니다. 바울은 사랑을 가르치면서 "내가 어릴 때에는, 말하는 것이 어린아이와 같고, 깨닫는 것이 어린아이와 같고, 생각하는 것이 어린아이와 같았습니다. 그러나 어른이 되어서는, 어린아이의 일을 버렸습니다"라고 말했습니다. 오늘 어른이 되려고 이 자리에 왔으니 어리디어린 것들을 버리게 하옵소서.

2018. 9. 23.(창조절 넷째 주일, 한가위감사주일)

사무엘하 11:1-5

• • •

어느 날 저녁에, 다윗은 잠깐 눈을 붙였다가 일어나, 왕궁의 옥상에 올라가서 거닐었다. 그 때에 그는 한 여인이 목욕하는 모습을 옥상에서 내려다 보았다. 그 여인은 아주 아름다웠다(2절).

8월의 한가운데라 한가위, 1년 수확을 두고 조상께 감사드리는 날이 하루 앞으로 다가왔습니다. 경제적으로 어려운 시기라 조심스럽습니다. 이웃을 의식하며 차례상도 생각하고 더욱이 나눔을 잊지 않는 마음을 주옵소서. 주님, 오늘 우리의 수확이 뜨거운 태양 아래 꽃이 죽어 키워낸 열매들임을 깨닫게 하옵소서. 죽어 다시 사는 진리 앞에 겸허하게 하옵소서. 익어가는 벼 이삭을 보고 이 가을에 교만, 게으름, 거짓을 죽여 겸손, 부지런함, 참의 열매를 거두게 하소서.

주님, 달이 차듯이 우리의 이지러진 삶도 차오를 수 있어 고운 달님의 자태를 갖추게 하옵소서. 무엇보다도 하늘에서 보고 계실 조상들의 눈길을 의식하게 하옵소서. 혹여나 느슨한 마음으로 아무도 보지 않는 양, 죄와 유혹에 익숙하지 않게 하옵소서. 잠시의 해이함이 때론 인생 전체를 흔들어 버리는 파국으로 치달음을 삶의 준엄한 경계로 받아들이게 하옵소서. 주님, 한가위 보름달과 함께 주님이 만드신 마음의 하늘에 내 인생이라는 달을 걸어 두고 싶습니다. 우리도 주님처럼 많은 이들의 길을 비추는 달이 되게 하옵소서.

2018. 10. 14.(창조절 열둘째 주일)

하박국 3:16-19

•••

무화과나무에 과일이 없고 포도나무에 열매가 없을지라도, 올리브 나무에서 딸 것이 없고 밭에서 거두어들일 것이 없을지라도, 우리에 양이 없고 외양간에 소가 없을지라도(17절).

봄, 여름의 꽃과 잎이 지고 가을 열매가 떨어지면 나무는 벌거벗습니다. 그럼에도 나무가 아름다운 것은 한결같이 거기 서 있다는 것입니다. 무슨 일을 겪어도 지킬 수 있는 자기 자리가 있는 것, 진정한 자존감입니다. 그러나 우리는 자존감과 자존심을 구별하지 못합니다. 무엇보다도 남에게 보이기 위한 자존심에 집착합니다. 때로는 자기 존재를 드러내기 위해 남과 비교하여 남을 낮추고, 심지어는 남이 불행하기를 바라기도 하고 그 불행을 위해 범죄를 저지르기도 합니다. 남을 의식하지 않고 자신의 가치를 스스로 높여 자신감을 갖고 자기를 존중하는 자존감은 일그러집니다.

내게 과연 천하를 갖고도 내 나라는 못 바꾸며 우주를 가지고도 내 인격은 누를 수 없다고 생각하는 자존감이 있는지 자문해 봅니다. 무엇을 소유하고 어떤 지위에 올라야 살맛이 난다는 탐욕스러운 거짓 존재에 목을 겁니다. 스스로가 부정적 역할을 함으로 힘을 과시하고 싶은 어리석은 부정적 인간상에 매몰되어 있지는 않은지

냉정하게 살피게 하소서. 주님, 다시 태어나도 나로서 살아가는 나, 새로워지는 나, 남이 알아주지 않아도 오직 나로서 자랑스러운 내가 되게 하옵소서. 십자가를 져도 주님께 맡긴 주님의 십자가가 아니라 내 십자가로 살아가는 참사람의 길을 걷게 하옵소서.

마가복음 6:17-44

• • •

예수께서 그들에게 말씀하셨다. "너희가 그들에게 먹을 것을 주어라." 제자들이 그에게 말하였다. "그러면 우리가 가서 빵 이백 데나리온 어치를 사다가 그들에게 먹이라는 말씀입니까?"(37절)

주님, 신앙생활을 하는 우리에게 너무나 익숙해진 질문이 있습니다. "믿는 사람이래?" 신자와 불신자를 가릅니다. 교인과 비교인을 구별합니다. 마치 의와 죄, 선과 악을 가르듯이 말입니다. 얼마나 덜 떨어진 질문인가를 안다면 이내 부끄러워할 것입니다. 사람에 대한 근본적인 구분은 "홀로 족한 자와 공감하는 자, 타인들의 고통 앞에서 등을 돌리는 자와 그 고통을 함께 나누기를 받아들이는 자 사이에 있다"라는 프랑스의 피에르 신부님의 말이 마음에 다가옵니다.

주님, 그저 고개 숙인 신자가 되기 위해 이 예배의 자리에 온 것이 아님을 주님은 아십니다. 세상의 고통 앞에서 나도 고통할 수 있는지를 묻습니다. 그리고 이웃의 아픔에 함께하기 위해 어떤 나눔을 얼마나 할 수 있느냐를 묻습니다. 가진 것이 있어야 나눌 수 있으므로 우리는 무엇을 얼마나 갖고 있느냐를 묻습니다. 누리고 싶은 것을 다 누린 다음에 남는 것으로 나눈다면 언제 제대로 나눌 수 있을까요? 우리는 여전히 '내 것'이라는 경계를 넘어서지 못하고 있습니다. 하지만 가진 것이 받은 것이라는 것을 조금이라도 깨닫는다면 우리는 비로소 나의 경계를 넘어서지 않을까요?

주님, 믿는다는 것은 어쩌면 우리 삶의 경계선을 넓혀 더 많은 사람을 살리는 일임을 생각하며 부끄러운 참회의 눈물을 흘리게 하옵소서.

2018. 11. 18.(창조절 열둘째 주일)

민수기 22:14-35

• • •

그 때에 주님께서 발람의 두 눈을 열어 주셨다. 그제야 그는, 주님의 천사가 칼을 빼어 손에 들고 길에 선 것을 보았다. 발람은 머리를 숙이고 엎드렸다(31 절).

"누군가 망상에 시달리면 정신이상이라고 한다. 다수가 망상에 시달리면 종교라고 한다."

주님, 종교를 비판하는 이야기지만 우리나라 교회의 수치스러운 민낯을 그대로 말해 줍니다. 교회에 가두어 놓는 신, 일방적인 믿음만을 강요하는 신, 그저 달라고만 하는 대상으로서의 신, 다른 종교와의 몰상식한 갈등과 반목을 부추기는 신, 이 모든 신은 만들어진 신입니다. 사실 사람의 탐욕과 경쟁과 혐오가 투사된 신입니다. 이것이 망상이 아니고 무엇이겠습니까? 예수 천당, 불신 지옥, 이 사실 하나만으로 우리는 무수한 전쟁을 일으켰습니다. 스스로 하나님의 편에 서 있다고 생각하며 믿지 않는 이방인들을 무참히 학살했습니다. 사람을 죽이는 것은 어떤 경우든 정당화될 수 없다는 상식의 진리를 망상 속에서 망각해 버리고 말았습니다.

우리의 양심은 무뎌졌고, 일상의 자연과 사건을 보는 상식적인 눈이 흐려졌습니다. 망상의 믿음에서 우리는 보아야 할 것을 보지 못하고 있습니다. 우리는 믿고 싶은 것만 믿고, 듣고 싶은 것만 듣습니다. 사실 우리 귀에 하나님의 말씀이 들려오는 것이 아니라 하나님의 말씀이라고 착각하는 내 주장, 내 욕심, 내 생각이 들려올 뿐입니다. 주님, 오늘 내 믿음의 귀과 입을 열어 주시어 하나님의 말씀을 들어 거룩할 聖성을 찾게 하옵소서.

2018. 11. 25.(창조절 열셋째 주일)
마태복음 7:13-20

•••

좁은 문으로 들어가거라. 멸망으로 이끄는 문은 넓고, 그 길이 널찍하여서, 그리로 들어가는 사람이 많다(13절).

주님, 누구나 길 위에 있습니다. 주님은 주인의 학대를 피해 도망치고 있는 사래의 종 하갈에게 묻습니다. "사래의 종 하갈아, 네가 어디서 와서 어디로 가는 길이냐?"(창 16:8) 오늘도 이 질문 앞에 섭니다. 지금 가고 있는 길이 혹 편하고 쉬운 길, 많은 사람이 가는 길인지 아니면 불편하고 버거운 길, 인적이 드문, 사람들이 가려 하지 않는 길인지 묻습니다. 그러나 쉽고 편한 길을 가고 싶은 것이 인지상정입니다. 혹 모로 가도 서울만 가면 된다고 하는 마음은 아닌지요? 실리의 삶에 익숙해져 가는 우리 모습입니다. 교회를 다녀도 듣기 좋은 이야기에만 미소 짓는 우리가 아닙니까? 그렇게 오래 교회를 다녀도 여전히 사람에 의탁하며 사람의 소리에 좋아했다, 금세 우울해지는 조울증 걸린 우리는 아닌지 모르겠습니다.

정작 만나야 할 분, 정작 두려워해야 할 분은 하나님이시며, 정작 두드려야 할 문은 하나님의 나라의 문이며 정작 걸어야 할 길은 하나님의 의의 길이건만 넓고 큰길에 현혹되어 살아갑니다. 무엇보다도 오늘 내가 어디를 가고 있는지 내 갈 길, 그 길을 나서는 문에 대해 하나님의 거울 앞에서 물은 적이 있는지 돌아봅니다. 매일 기도한다지만 사실상 내 욕심을 아뢸 뿐, 응답이 신앙의 척도인 양 메아리 같은 기도입니다. 애초부터 길이 잘못되었고 문다운 문이 보이지 않았습니다. 주님, 찾고 두드려야 할 길과 문을 알게 하옵소서.

2018. 12. 2.(대림절 첫째 주일)

누가복음 10:25-27

•••

그가 대답하였다. "'네 마음을 다하고 네 목숨을 다하고 네 힘을 다하고 네 뜻을 다하여, 주 너의 하나님을 사랑하여라' 하였고, 또 '네 이웃을 네 몸같이 사랑하여라' 하였습니다"(27절).

주님, 대설이 얼마 남지 않았습니다. 성큼 겨울이 다가오고 있습니다. 그러나 아직 겨울 준비를 못 했습니다. 서둘러 준비한다지만 그저 제 앞가림뿐입니다. 쫓기는 삶 속에서 나 하나, 내 가족 하나 생각하기도 힘이 듭니다. 이웃에게는 눈길조차 주지 못하고 살기도 합니다. 그리고 때론 내게 편한 사람들만이 내 이웃입니다. 우리의 시선은 힘겨워하는 이웃들을 애써 외면합니다. 그저 TV 뉴스에서 보고 듣고 잠시 혀를 찰 뿐입니다. 겨울은 다가오는데 1년이 넘도록 굴뚝에서 고공농성 중인 억울한 해고노동자들, 비정규직 노동자들이 있습니다. 먹튀의 다국적기업의 횡포에 속수무책입니다. 이들을 방어해 줄 정부도 외면하며 손을 놓고 있습니다. 게다가 경제는 곤두박질치고 있습니다. 우리 경제를 독 안에 든 쥐라고 표현합니다. 강대국의 입김에 휘청거립니다.

강도 만난 이들이 이들뿐이겠습니까? 크건 작건 불의한 자들에게서 고통당하며 신음하는 이웃들이 있습니다. 그들의 억울함이 아벨의 피처럼 끓고 있습니다. 주님, 문제는 우리의 외면입니다. 우린 우리의 작은 소유에는 온 마음을 쓰면서도 우리의 양심이 일그러진 것에는 무감각합니다. 오늘 다시 묻습니다. "강도 만난 사람에게 나는 이웃이 되어 주었는가?"

2018. 12. 23.(대림절 넷째 주일)

마태복음 11:2-15

• • •

눈 먼 사람이 보고, 다리 저는 사람이 걸으며, 나병 환자가 깨끗하게 되며, 듣지 못하는 사람이 들으며, 죽은 사람이 살아나며, 가난한 사람이 복음을 듣는다. 나에게 걸려 넘어지지 않는 사람은 복이 있다(5-6절).

주님, 또다시 성탄이 다가옵니다. 초대교회는 성탄절을 어떻게 보냈을까 성서를 뒤져보지만, 성탄절 예배를 드렸다는 기록은 없습니다. 성서에 성탄은 있지만, 성탄절은 없습니다. 성탄절은 로마의 태양신 절기에서 가져왔습니다. 결국 성탄절 12월 25일은 기독교가 권력을 가지면서 생긴 부끄러운 날이었습니다. 그만큼 기독교의 흑역사가 길고 깊게 드리워져 있습니다. 로마의 권력과 결탁하여 복음의 세계화를 이루었다고 하지만 복음의 왜곡은 더욱 심화되었습니다. 말씀은 멀어지고 교권이라는 권력이 말씀을 왜곡했습니다. 그 권력을 유지하기 위해 얼마나 많은 사람에게 이단의 굴레를 씌웠는가, 또한 종교가 다르다는 이유로 얼마나 많은 전쟁을 일으켰는가를 생각하면 잔인하고 악마적인 광기만 드러날 뿐입니다.

성지 탈환의 미명 아래 일으킨 십자군 전쟁은 자기 십자가를 지고 평화를 이루려는 것이 아니라 다른 이들을 십자가에 못 박는 잔인한 전쟁으로 이어졌습니다. 지금도 아군과 적군으로 가르는 공격적인 선교는 여전합니다. 여전히 도를 전하는 전도가 아니라 호객 행위만 극성입니다. 2,000년이 지나도 아직 성탄, 거룩한 탄생을 내 안, 겸허한 말구유에 담지 못했습니다. 주님의 성탄은 호사스럽게 가식처럼 드러내고 있지만, 나의 성탄에 이르기까지는 아직 먼 길을 가야 합니다. 부끄럽습니다.

주님, 주님이 바라시는 것은 주님을 환호하는 성탄이 아니라 주님을 따라가려는 우리의 성탄임을 압니다. 주님, 세상 사람들에게 빛으로 드러나는 삶의 성탄을 기도합니다. 말씀이 삶이 되는 나의 성육신, 나의 성탄을 이루게 하옵소서.

교회, 이미 부끄러운 공동체입니다

| 2019년도 |

2019. 1. 13.(주현절 둘째 주일)

옵기 42:10-17

• • •

욥이 주님께, 자기 친구들을 용서해 달라고 기도를 드리고 난 다음에, 주님께서 욥의 재산을 회복시켜 주셨는데, 욥이 이전에 가졌던 모든 것보다 배나 더 돌려주셨다(10절).

주님, 삶이 苦海고해, 고통의 바다임을 압니다. 고통을 빼고 삶을 이야기할 수 없음을 압니다. 주께서 주신 고통이고 고난입니다. 주신 것이기에 받아야 하지만 우리는 그 고통을 피하려고 몸부림칩니다. 고통으로부터 벗어나기 위해 가장 뜨거운 기도를 드리기도 합니다. 우리는 하나님께서 고난을 주신 이유를 생각하지 않습니다. 고난 없는 과거를 그리워했고 미래의 고난 없는 세상을 꿈꿉니다.

사실 주신 고난을 통해 성숙이 있었고 궁극적으로 자유가 있었습니다. 자유는 말 그대로 자기(自)가 이유(由)입니다. 자기(自)가 모든 까닭(由)입니다. 비로소 우리는 고난을 통해 자기 자신에게서 문제를 찾고 해결할 수 있습니다. 누구 때문이 아니라 자기 자신 때문이었습니다. 그러나 언제나 남 평계, 세상 평계에 익숙한 천박한 자기 모습을 보지 못했습니다. 그러니 부끄러움도 몰랐습니다. 겪지 말아야 할 고난을 받고 있다고 생각했습니다. 자기가 고난의 까닭임을 알게 될 때 비로소 책임 있는 사람이 된다는 것을 깨닫지 못합니다.

어찌 개인만이 그렇겠습니까? 이 나라 고난의 역사를 통해 민이 책임적 주인이라는 민주주의를 찾을 수 있었습니다. 주님, 고난을 피하지 않고 기꺼이 감당할 수 있어 성숙하고 자유한 참 나를 이루게 하옵소서.

2019. 1. 27.(주현절 넷째 주일)

고린도후서 3:1-6

• • •

> 우리가 이런 일을 할 수 있는 자격이 우리에게서 났다고 생각하지 않습니다.
> 우리의 자격은 하나님에게서 납니다(5절).

주님, 벌써 1월의 마지막 주일입니다. 쏜살같은 시간은 뻔히 보이면서도 우리를 앞질러 갑니다. 우리는 늘 시간에 뒤처져 과거에 머무르고 있습니다. 과거의 실패와 좌절, 과거의 이력과 학력이 내 삶을 결정했다고 여깁니다. 결국 과거에 갇혀 미래로 가지 못하는 것입니다. 더욱이 사람들이 바라는 가치에 따라 나를 평가합니다. 죽어도 다시 사신 주님을 믿는다면서도 사실은 사람들의 칭찬과 비난에 웃고 울었습니다. 주님은 뭐라고 생각하실까를 생각할 여유도 없었습니다. 그토록 오래 믿었으면서도 삶의 심지에 그리스도가 없습니다. 여전히 구하는 것은 그리스도의 뜻이 아니라 세상 속에 갇힌 내 욕망임을 고백합니다.

십자가는 예배 속의 장식품일 뿐 우리 삶과는 거리가 멉니다. 쉬운 길, 편한 길, 하나님이 아닌 사람들이 알아주는 길에 우리의 목을 겁니다. 우리가 일상의 삶 속에서 하는 이야기들을 다시 하나님 앞에서 듣는다고 해도 그 순간만은 부끄럽겠지만, 이 예배 후에는 또다시 아무 일 없었다는 듯이 과거에 갇힌 일상으로 돌아갑니다.

알고 보면 우리는 하나님의 말씀을 죽은 돌판에 새겼을 뿐, 살아 있는 가슴 판에 새기지 못했습니다. 그저 먹물로 쓴 문자만 보았을 뿐 하나님의 영으로 가슴에 쓴 그리스도의 절절한 편지를 깨닫지 못했습니다. 세상의 담스러운 열매에 눈이 팔려 문자는 죽이고 영은 살린다는 것을 깨닫지 못했습니다.

2019. 2. 10.(주현절 여섯째 주일, 신학교육주일)
마태복음 5:13-16
• • •

또 사람이 등불을 켜서 말 아래에다 내려놓지 아니하고, 등경 위에다 놓아둔 다. 그래야 등불이 집 안에 있는 모든 사람에게 환히 비친다(15절).

주님, 내 인생이 나만의 것이라면 '주님'이라고 부르지도 않았겠 지요. 사실 전적으로 주인이신 당신의 것인 나이지만 가족, 직장동 료, 친지 등 나를 아는 사람과도 나를 공유합니다. 공인이기도 합니 다. 내 몸은 내 몸이 아니며 내 마음 역시 내 마음이 아닙니다. 그렇 기에 주님, 어떻게 나를 갈고 닦아야 하는지를 깊이 성찰하며 배우 게 하옵소서. 그러나 아직 내가 나를 모릅니다. 착한 행실을 하면서 도 착하지 않은 내 마음을 봅니다. 봉사를 하면서도 여전히 나를 세 우며 남과 비교하는 마음을 갖습니다.

알고 보면 마음을 닦지 못했습니다. 마음을 배우지 못했습니다. 잘 참는다고 생각했지만 알고 보니 벼르고 또 벼른 것이었습니다. 칭찬에 익숙하면 비난에 마음이 흔들리고, 대접에 익숙하면 푸대접 에 마음이 상합니다. 종잡을 수 없는 나도 나를 모릅니다. 때론 나 를 나타내려고 없는 문제도 문제로 만듭니다. 주께서는 세상의 빛 이 되라고 하셨지만 우리는 어둠을 그리워하고 어둠에 빨려 들어갑 니다.

주께서는 세상의 소금이 되라고 하셨지만 우리는 사람다움의 맛을 잃었습니다. 우리 마음을 다스리지 못합니다. 결국 미움은 커져 지옥이 되고 사랑은 작아져 하나님의 나라를 이룰 수 없습니다. 주님, 이 참회의 시간, 나를 불쌍히 여겨 주시어 나를 넘어서는 은총을 베풀어 주옵소서.

2019. 2. 17.(주현절 일곱째 주일)

창세기 18:16-33

•••

그처럼 의인을 악인과 함께 죽게 하시는 것은, 주님께서 하실 일이 아닙니다. 의인을 악인과 똑같이 보시는 것도, 주님께서 하실 일이 아닌 줄 압니다. 세상을 심판하시는 분께서는 공정하게 판단하셔야 하지 않겠습니까?(25절)

주님, 5.18 광주민주화운동은 북한군이 내려와 일으킨 폭동이라고 합니다. 5.18 유공자들을 괴물집단이라고 합니다. 믿고 싶은 거짓이 선동으로 진실이 되고 믿음이 됩니다. 살육과 탄압의 세력에게 그나마 있었던 양심의 짐을 없애줍니다. 과거에도 어디선가 들었던 이야기입니다. 관동대학살이 조선인의 폭동에서 비롯되었다는 것입니다. 여자정신대, 강제 징용, 징병은 돈을 벌기 위해 몸을 판 것으로 아베는 양심의 짐을 벗어 던집니다. 세월호 희생자의 부모는 시체 장사꾼으로 전락되어 자식의 죽음의 이유라도 알자는 그들의 금식이 조롱거리가 됩니다. 혐오의 정치가 나부낍니다. 태극기에 이해 안 되는 성조기, 거기다가 이스라엘기까지 혐오의 신앙이 깃발을 듭니다. 이 나라 기독교의 현주소입니다. 종교가 다르다는 이유로 천당과 지옥이 갈라집니다. 이슬람 난민, 성 소수자에 대한 혐오는 그들만의 아멘이 되었고 기독교의 이성은 이미 마비되었습니다. 민주주의의 기본이라고 할 수 있는 차별금지법조차 아직도 세워지지 않고 있습니다. 자기와 다른 것, 자신의 기득권을 내려 놓게 하는 것엔 빨간색을 덧칠하는 혐오가 굳게 자리 잡고 있습니다.

주님, 우린 지금 무엇을 하고 있나요? 아무 짓도 안 했다는 착한 방관자인 나는 비겁한 위선자는 아닌가요? 우리 선조들은 100년 전 더 이상 방관자가 되지 않겠다고 나섰건만 오늘 우리는 무엇을 하고 있나요? 이제 3.1 독립운동 100주년이 다가옵니다. 오늘 지친 나그네로 오고 있는 하나님은 누구인가요? 주님, 가장 보잘것없는 자로 오시는 주님을 볼 수 없습니다. 아직도 내 욕망을 투사한 만들어진 신을 하나님이라고 믿는 어리석은 우리를 불쌍히 여겨 주옵소서.

* 이 기도는 홍세화의 "혐오의 정치학"(「한겨레신문」, 2019. 2. 15.)을 읽고 드린 참회의 기도입니다.

에스겔 43:10-11

• • •

너 사람아, 너는 이스라엘 족속에게 이 성전을 설명해 주어서, 그들이 자기들의 온갖 죄악을 부끄럽게 여기게 하고, 성전 모양을 측량해 보게 하여라 (10절).

"유구한 역사와 전통에 빛나는 우리 대한 국민은 3.1운동으로 건립된 대한민국 임시정부의 법통과 불의에 항거한 4.19 민주 이념을 계승하고"라고 시작하는 우리 대한민국헌법입니다. 우리 헌법은 3.1운동이 근간임을 보여주고 있습니다. 이 운동의 선언서에서 우리 선조들은 "吾等오등은 茲자에 我아 朝鮮조선의 獨立國독립국임과 朝鮮人조선인의 自主民자주민임을 宣言선언하노라"고 분명하게 우리의 정체성을 밝히고 있습니다. 무엇보다도 비폭력 평화의 시위로 세계 평화를 원칙으로 하고 있습니다. 내세만을 강조하는 선교사들의 만류를 뿌리치고 조국 독립의 자주적 운동에 함께 했습니다.

그런데 오늘날은 전혀 다른 길을 가고 있습니다. 평화·평등의 길은 사라지고 차별·혐오의 길을 가고 있습니다. 예수 천당, 불신 지옥은 오래된 폭력의 구호입니다. 제주 4.3은 기독교 서북청년단이 저지른 잔인한 학살이었음을 잘 알고 있습니다. 오랫동안 불의한 독재 권력의 주구가 되어 친일 청산은 아직 이루어지지 않고 있습니다. 이에 복음은 변질되고 성장주의, 물량주의, 기복주의, 반공주의의 길을 가고 있습니다. 일찍이 십자가는 장식물이 되었습니다. 쉽게 편하게 신앙도 인스턴트가 되고 말았습니다. 박제가 되어 버린 예수님의 십자가만 덩그러니 있을 뿐 정작 있어야 할 자기 십자가는 없습니다. 그런데도 부끄러움을 모릅니다. 예수님은 어느새 우리 복을 위한 무당으로 전락하였고 내세주의, 현세주의의 얄팍한 축복만이 나부끼고 있습니다. 그런데도 부끄러움이 없습니다. 용서받을 수 없는 이 죄를 생각하며 재를 뒤집어쓰고 참회의 기도를 드려야 하건만 죄를 변명하고 합리화하고 오히려 3.1정신을 말살하고 이 나라의 뿌리를 3.1운동에서 1948년 건국으로 옮겨 지난날의 죄를 덮으려고 하고 있습니다.

이렇듯 철면피 같은 부끄러움이 없는 기독교인이 되었어도 부끄러움을 알지 못합니다. 어느새 3.1운동의 태극기 역시 변질되어 신앙마저 사대주의화 되고 성조기가 펄럭이고 심지어는 이스라엘기까지 나부낍니다. 그러나 아직 저들이 무엇을 하고 있는지를 모릅니다. 역사의 동력, 생명·평화·정의의 동력을 잃어버린 지 오래되었습니다. 무엇이 기독교 신앙인지조차 모르고 있을 때가 적지 않습니다. 기독교인이라는 완장, 장로, 목사라는 완장은 차고 있는데 섬김과 나눔은 없는 뻔뻔한 사람이 되고 말았습니다. 신앙의 동력이 자기 십자가인 것을 깨닫지 못하고 있습니다. 아니 알아도 그 십자가의 길을 가지 않습니다. 목사와 교인이 서로 담합하여 예수님의 십자가의 은혜를 내세우며 자기 십자가를 지워 버렸습니다. 그리고 부끄러움 없는 뻔뻔한 길을 당연하게 열어 놓았습니다. 주님, 선조들의 3.1운동을 통해 자기 십자가를 찾는 참회의 기도를 드리오니, 생명·평화·정의의 동력을 되찾는 100주년, 이 예배를 드리게 하옵소서.

2019. 3. 17.(사순절 둘째 주일)

마태복음 6:16-18

• • •

그리하여 금식하는 것을 사람들에게 드러내지 말고, 보이지 않게 숨어서 계시는 네 아버지께서 보시게 하여라. 그리하면 남모르게 숨어서 보시는 네 아버지께서 너에게 갚아 주실 것이다(18절).

주님, 순간순간 남에게 그럴싸한 칭송을 받으려고만 하는, 보이기 위한 우리의 신앙의 모습입니다. 하다못해 이 시간의 하나님께 드리는 기도조차 사람들에게 듣기 좋은 기도가 되고 있는 것은 아닌가 돌아봅니다. 이 시간 주님은 말씀하십니다. "너희는 남에게 보이려고 의로운 일을 사람들 앞에서 하지 않도록 조심하여라. 그렇지 않으면, 너희는 하늘에 계신 너희 아버지에게서 상을 받지 못한다"(마 6:1). 우린 이미 사람들로부터 상을 받았습니다. 아무도 모르게 우리 마음을 보고 주시는 하늘의 상에는 관심이 없습니다. 그저 바라는 것은 사람들의 칭송일 뿐이고 사람들에게 보이려는 것뿐입니다.

하늘나라에도 목사라는 직분이 있는지 모르겠습니다. 뭔가 남보다 나은 듯한 착각 속에 살아갑니다. 이만하면 괜찮은 신앙, 뭔가 아는 듯한 신앙 말입니다. 사실 우리가 만든 직분입니다. 그러고도 하늘이 준 것처럼 위선과 가식으로 살아갑니다. 주님은 말씀하십니다. "너희는 기도할 때에 위선자들처럼 하지 말아라"(마 6:5). 우리에게 마음의 골방이 없음을 고백합니다. 저잣거리에 익숙한 우리 신앙입니다. 아무도 모르게 마음을 살피시는 하나님을 언제나 만날 수 있을지 모르겠습니다. 세상의 상을 축복이라고 부르며 세상의 상에만 감사하는 우리 신앙의 수준입니다. 한 번도 찾아가지 않아 황폐하기 그지없는 마음의 골방은 어쩌면 오래된 흉가일지도 모릅니다. 밖으로 드러난 지위, 소유 등을 내려놓기가 어렵습니다. 아니 오히려 그것들을 달라고 기도하고 있는 모습을 봅니다. 기도로 위장했으니 탐욕조차 미화됩니다.

오늘 내 마음을 내려놓는 기도를 드립니다. 내 배를 비우는 기도를 드립니다. 그리고 서로를 가슴 아프게 공감하며 받아들이는 은총을 구합니다. 단지 개인만이 아니라 피가 낭자한 남과 북 그리고 북한과 미국도 말입니다. 주님, 주님만이 하늘 마음으로 아시는 금식을 하게 하옵소서. 나로부터 우리로 그리고 나라에 이르기까지 말입니다. 오늘 나에게 그리고 우리에게 그리고 세상에 참 평화를 주옵소서.

2019. 3. 31.(사순절 넷째 주일)

마태복음 18:10-14

• • •

내가 너희에게 말한다. 그가 그 양을 찾으면, 길을 잃지 않은 아흔아홉 마리
양보다, 오히려 그 한 마리 양을 두고 더 기뻐할 것이다(13절).

제게 재물을 주시지 않아도 좋습니다.

저는 명예와 지위를 구하지 않습니다.

다만, 제게 영감을 주소서.

제게 진리를 보는 눈을 주소서

제가 하나님을 우주 만물 가운데 찾아

현재에 살면서

장차 올 영구 불멸할 영광을 느끼게 하소서.

　주님, 우찌무라 간조의 기도입니다. 재물도 명예도 지위도 구하
지 않은 그의 기도가 진심일까요? 그는 영감을 구했고 진리를 보는
눈을 구했고 만물 가운데 하나님의 영광을 찾으려고 했습니다. 그
의 기도가 진심일까요? 한쪽 귀로 말씀을 들어 다른 한쪽 귀로 흘리
는 나의 질문입니다. 그토록 마음의 울림이 되어 들었던 주님의 말
씀이지만 저는 변한 것이 없습니다. 부끄럽다 못해 이제는 그렇고
그런 것이라고 여길지도 모릅니다. 머릿속에 공허한 공명만 남아

있습니다.

오늘 우리에게 업신여김을 받은 작은 자, 길 잃은 이를 생각합니다. 사실 우리 각자인 나도 업신여김을 받았고 상처받고 길을 잃고 있습니다. 그럼에도 여전히 우리는 남 앞에서 큰 자로 있고, 또 있기를 원합니다. 큰 자로 작은 자를 갑질합니다. 마치 우리는 길을 아는 양, 길 잃은 자를 업신여깁니다. 당당한 내 모습에 깜짝 놀란 적이 한두 번이 아닙니다. 우리는 그 작은 자, 길 잃은 자에게 하늘에 계신 아버지를 보고 있는 그들의 천사가 있다는 것을 무심하게 여깁니다. 많지도 않은 하나에게는 더욱 그렇습니다. 그들을 불쌍히 여기는 마음보다는 업신여기는 마음이 본성입니다. 공감이라고는 없습니다. 혹 우리는 그들을 돕는 천사가 아니라 오히려 그들을 괴롭히며 시험하는 자가 아닌지요? 그리고 혹 훗날에는 그들이 우리 천사일 것이라는 것을 모르고 있지는 않은지요?

주님, 우리를 긍휼히 여겨 주시어 길 잃은 작은 자 하나를 향한 우리의 하늘 천사의 마음을 열어 주옵소서.

2019. 4. 7.(사순절 다섯째 주일)

마가복음 1:1

• • •

하나님의 아들 예수 그리스도의 복음의 시작은 이러하다(막 1:1).

세월호 이야기 이제는 그만하자는 사람들에게 진상 규명과 책임자 처벌을 물으면 지나간 것들에 그렇게 집착하면 안 된다고 합니다. 주님, 그럴까요? 다 지나간 것이니 묻어 두고 갈까요? 아직 가해자도 없는 5.18을 비롯하여 이제 겨우 재심 결정을 내린 여순 사건, 제주 4.3사건, 그리고 친일 반역 행위, 아직 재심조차 결정이 안 난 수많은 학살 사건 그리고 밝혀지지 않은 수많은 안전사고, 그냥 묻어 두고 가는 것이 옳은 것일까요? 아우슈비츠 수용소는 들어갈 때보다는 돌아 나오는 발걸음이 무겁다는 신영복 선생의 말이 생각납니다.

청산한다는 것은 책임지는 것입니다. 단죄 없는 용서와 책임 없는 사죄는 은폐의 합의입니다. 단지 역사를 바로 세워야 한다는 이유만이 아닙니다. 그 고대 시대에도 하나님의 형상대로 사람을 지었다는데 그렇게 신성한 존재인 인간인데 어떻게 그냥 그 참혹한 죽음을, 그 대량 참사를 묻어 두고 넘어간다는 것이 말이 되는 것인지 주님, 오늘은 좀 따지고 싶습니다. 나 하나 살기도 힘든데 남의 어려움에까지 나설 시간이 어디 있냐며 대충 넘어가고 싶어 하는 우리의 오랜 피로감이 그 일을 당한 사람과 가족들에게는 어떻게 보일까요? 오늘 갈릴리 나사렛 예수를 봅니다. 예루살렘 예수가 아닙니다. 마가는 그를 두고 '하나님의 아들 예수 그리스도의 복음'을 기쁜 소식이라고 하면서 우리에게 전합니다. 정말 기쁜가요? 우리에게 돈 몇 푼 더 생기는 것이, 우리 아이가 좋은 학교, 좋은 직장 가는 것이 우리는 훨씬 더 기쁜 사람입니다. 부끄럽습니다. 창피합니다.

사람들이 너무나 참혹하게 짓밟힌 4월을 묻어 둘 수 없는 것은 주님께서 인간은 존엄한 존재라는 너무나 소중한 깨달음을 주셨기 때문입니다. 주님 자신의 깨달음입니다. "너는 내 사랑하는 아들이다." 주님, 이제 하나님의 아들과 딸이라는 우리의 소중함으로 이웃의 소중함을 함께 하는 복음을 깨닫고 전하게 하옵소서.

2019. 4. 14.(종려주일, 씨뿌림주일)

마가복음 11:12-22

• • •

그리고 그들은 예루살렘에 들어갔다. 예수께서 성전에 들어가셔서, 성전 뜰
에서 팔고 사고 하는 사람들을 내쫓으시면서 돈을 바꾸어 주는 사람들의 상과
비둘기를 파는 사람들의 의자를 둘러엎으시고, 성전 뜰을 가로질러 물건을 나
르는 것을 금하셨다(15-16절).

주님의 예루살렘 입성, 사람들은 자신들을 구원할 메시아라며
'호산나' 하고 있지만, 그 메시아의 마음은 복잡합니다. 고난과 죽음
의 길목에서 다윗의 자손이라고 왕처럼 환영을 받았지만, 주님은
그 길의 끝이 고난을 거쳐 죽음에 이른다는 것을 잘 알고 계셨습니
다. 하나님의 뜻, 생명을 살리라는 창조주 아버지의 명령 앞에서 그
값은 죽음이라는 것을 알고 계셨고 그도 피하고 싶었습니다. "고난
의 잔을 거두어 주십시오"라고 말한 그가 가엾어지고 바로 이어 "그
러나 내 뜻대로 마시고 아버지의 뜻대로 하여 주십시오"라고 기도
한 그가 안쓰러워집니다. 그러나 우리는 끝내 그를 십자가에 처형
하라고 외칩니다. 끝내 그를 미워하고 십자가에 못 박습니다.

나를 위해 애써 온 사람들의 가슴에 우리가 얼마나 못을 박아
상처를 주었는지 주님은 잘 아십니다. 우리는 주일 거룩한 예배에
서는 '호산나!' 하면서도 삶의 현장에서는 어김없이 당신을 십자가

에 못 박습니다. 수많은 예수가 내 마음의 형장의 이슬로 사라집니다. 이 반복은 어쩌면 죄, 그 자체일지 모릅니다. 죄에 온 영혼을 빼앗겨 뿌리째 말라버린 제 삶임을 고백합니다. 죄마저 죄책감 없이 익숙해진 우리 자화상을 이 참회의 시간에 그려 봅니다.

주님, 오늘도 내 죽음만으로는 어림도 없는, 아니 나의 십자가는 숨겨둔 채 2천 년 전 당신을 십자가에 넘긴 것처럼 다른 이들을 십자가에 넘기고 있는 우리를 불쌍히 여겨 주옵소서. 오늘도 우리는 여전히 다른 이들의 수고와 땀으로 살아가고 있습니다. 주님, 오늘 우리를 미워하지 마시고 가엾게 여겨 주시고, 십자가상에서 옆에 있던 한 강도의 기도 "주님이 주님의 나라에 들어가실 때에, 나를 기억하여 주십시오"에 응답하여 우리를 그리움으로 맞아 주옵소서.

2019. 4. 28.(부활절 둘째 주일)

고린도전서 15:31-38

•••

형제자매 여러분, 나는 감히 단언합니다. 나는 날마다 죽습니다! 이것은, 우리 주 예수 그리스도께서 여러분에게 하신 그 일로 내가 여러분을 자랑스럽게 여기는 것만큼이나 확실한 것입니다(31절).

물 한잔을 급히 마시느라 넘쳐 코로 물이 나옵니다. 물 한잔도 욕심처럼 흘러넘칩니다. 물 한잔도 제대로 마실 줄 모르는 사람이 되어 버렸습니다. 물뿐이겠습니까? 모든 일이 탐욕처럼 흐릅니다. 말도 그렇습니다. 지금 무슨 말을 하고 있는지 생각할 겨를도 없이 말을 쏟아냅니다. 담을 수 없는 엎질러진 물처럼 말도 넘쳐흘러 가까운 이들에게 깊은 상처를 안기기도 합니다. 하루에도 수십 번 내뱉은 가시 돋은 말들은 죄책감도 없이 사람들의 마음에 생채기를 냅니다. 말뿐이겠습니까? 행동은 더 합니다. 삑하면 등을 돌리고 분노에 찬 내 모습을 보는 것에 익숙해 있습니다. 무슨 섭섭한 게 그리 많은지…. 부끄럽습니다. 조금만 지나면 후회할 것을 왜 지금은 그런 생각을 못 하는지 이 또한 부끄럽습니다.

오랜 신앙생활을 해도 정작 필요한 시기에는 작동이 되지 않은 신앙과 양심을 꺼내 봅니다. 남을 비판하는 힘은 있으면서도 내 안을 살필 줄 모릅니다. 그저 나만 옳다고 우기는 내 마음은 항상 전쟁

터입니다. 증오, 시기, 화로 평화가 깃들 날이 없습니다. "날마다 나는 죽노라"고 말한 사도 바울의 말씀이 울림이 됩니다. 그러나 여전히 하나님 앞에서조차 내 뜻을 죽이지 못하고 기세등등하게 살아 있음을 봅니다. 아집과 집착 그리고 내면에 짙게 깔려 있는 절망과 열등감 그리고 작은 자 앞에서는 한없이 내놓고 싶은 우월감, 이것이 우리가 죽어 있는 자임을 여실히 보여줍니다.

주님, 숨을 쉰다고 사는 게 아닙니다. 오늘은 이런 나를 죽이기 위해 당신이 주는 말씀 앞에 섭니다. 그 말씀이 우리를 부끄럽게 한다면 오늘 이 자리에 온 보람이 있을 것입니다. 주님, 죽어 있는 우리의 참회를 들어 주시옵고 오직 당신만이 하실 수 있는 일, 내 안에서 당신을 일으켜 주시어 부활에 이르게 하옵소서.

2019. 5. 5.(부활절 셋째 주일, 교회교육주일, 어린이주일)

마가복음 9:33-37

• • •

그리고 어린이 하나를 데려다가 그들 가운데 세우신 다음에, 그를 껴안아 주
시고 그들에게 말씀하셨다(36절).

자식을 품 안에 품는 것이 사랑이라지만 우리 품이 품인가요?
알고 보면 내 욕심입니다. 내 욕심 차리느라 그저 콩시루에 가둔 콩
나물밖에 더 되겠습니까? 동일한 복사판의 콩나물에서 우리는 또
다른 학대를 저지릅니다. 그러나 우리는 그것을 학대라고 생각하지
않습니다. 사정없이 매를 대면서도 우리는 사랑이라고 말합니다.
꽃으로도 때려서는 안 된다는 것을 알지 못합니다. "다 널 위해서
야"라고 말하는 우리가 얼마나 야만의 탈을 썼는가를 깨닫지 못합
니다. 우리는 해야 될 일은 안 하고 하지 말아야 할 짓은 하고 있습
니다.

우리는 아이에게 공부를 강요하면서 또 다른 당근을 들이댑니
다. 공부하는 대신 갖고 싶은 것, 먹고 싶은 것, 입고 싶은 것, 그저
원초적이고 말초신경적인 것을 보상으로 내놓습니다. 잠깐의 만족
이 우리 아이를 망친다는 것을 모릅니다. 장 자크 루소의 말이 생각
납니다.

자식을

불행하게 하는

가장 확실한 방법은

언제나 무엇이든지 손에

넣을 수 있도록 해 주는 일이다.

_ 장자크 루소, 『에밀』에서

또 다른 폭력입니다. 주님, 오늘은 어린이주일입니다. 하나님이 주신 그대로 그냥 두면 될 것을, 잘 놀게 만들면 될 것을 우리 욕망의 손길이 닿는 곳에는 늘 위장된 죄뿐입니다. 이제는 제발 우리 아이들을 그들의 고유한 광야에서 살게 하옵소서. 길 없는 광야에서 찬이슬을 맞게 하며 배고픔과 궁핍의 경험도 겪으며 그들다운 길을 만들게 하옵소서. 혹 교회도 하나님을 핑계로 종교적 학대를 가하는 일이 없게 하옵시고 오늘도 어린이처럼 자라고 있는 하나님임을 알게 하옵소서. 이미 정해진, 완성된, 절대적인 것에 집착하는 것을 믿음이라고 가르치지 않게 하옵소서. 지금 자라고 있는 우리 아이에게서 하나님을 보게 하옵소서.

2019. 5. 12.(부활절 넷째 주일, 어버이주일)

요한복음 21:18

•••

내가 진정으로 진정으로 네게 말한다. 네가 젊어서는 스스로 띠를 띠고 네가 가고 싶은 곳을 다녔으나, 네가 늙어서는 남들이 네 팔을 벌릴 것이고, 너를 묶어서 네가 바라지 않는 곳으로 너를 끌고 갈 것이다(요 21:18).

주님, 국민소득은 삼만 불이 넘어 인구 천만 이상 국가 중에서 10위라고 하지만, 노인빈곤율과 노인 자살률은 OECD 국가 중 가장 높습니다. 급식으로 줄을 서거나, 몇천 원을 벌기 위해 폐지를 줍는 노인들을 보는 것은 그리 어렵지 않습니다. 복지 복지 하지만 제도조차 노인들을 소외시킵니다. 부모를 모시겠다는 어린이들의 생각은 지난 15년간 99.6%에서 30% 미만으로 폭락했습니다. 주님, 이것이 우리 현실입니다.

단지 경제의 문제가 아니라 사람다운 마음의 결핍입니다. 어쩌면 우리 교육의 자업자득일지 모릅니다. 그저 일류대학, 일류직장, 공부만 잘하면 그것이 효라고 생각한 우리가 만든 교육의 룰에 우리가 걸려들었습니다. 도처에 공부 잘하는 괴물들이 휘젓고 다니는 우리 사회입니다. 국정농단, 사법농단의 괴물들을 부러워하는 우리와 우리 아들딸이 아닌가요? 나이를 먹어도, 자식을 두어도 여전히 제 주장만 하며, 아래위도 구별 못 하며, 부모의 마음을 헤아리는 데는 참혹할 정도로 인색합니다. 누구를 탓하겠습니까? 우리가 그렇게 가르친 대가가 아닌가요?

지난 주일의 성가대 찬양으로 기도를 드립니다. "주님, 무엇을 할까에만 마음 쏟지 말고 어떤 사람으로 살지 늘 생각하여 친구들 삶에도 덕이 되는 그런 아들이 되게 하소서. 때로는 천천히 걷게 되더라도 때로는 앞서가며 웃지 못해도 친구들 마음도 헤아리는 그런 딸 되게 하소서. 만남의 축복을 허락하사 걷던 길 돌아갈 힘조차 없을 때 그래도 웃으며 그 길을 걷게 하소서. 마음의 성실함 허락하사 더 쉽고 편한 길 눈앞에 보여도 그래도 감사하며 오던 길을 가게 하소서"(조은아 작사, 신성우 작곡, <부모님의 기도>).

2019. 5. 19.(부활절 다섯째 주일, 5.18 민주화운동 기념주일)

예레미야 4:1-4

• • •

참으로 나 주가 말한다. 유다 백성과 예루살렘 주민아, 가시덤불 속에 씨를
뿌리지 말아라. 묵은 땅을 갈아엎고서 씨를 뿌려라(3절).

주님, 39년이 지났는데 아직 5월의 광주는 오열 속에 있습니다.
죄 없는 백성을 죽여 권좌에 오른 가해자들이 서로 잘했다고 훈장
을 나누었으면서도 그 잘난 일을 시킨 적이 없다고 말합니다. 피해
자만 있고 사살 명령자는 없는 광주는 살아남은 이들을 더욱 비참
하게 합니다. 우리는 그동안 무엇을 하였나요? 통곡하듯이 부르고
싶은 임을 향한 5월의 노래가 지난 10년간 제창이 불허된 이유는
무엇일까요? 그리고 한때는 〈방아타령〉이라는 경기민요를 부르라
고 했습니다. 5.18을 조롱하며 내동댕이쳤습니다. 그러나 하나님
은 말씀하십니다. "네가 무슨 일을 저질렀느냐? 너의 아우의 피가
땅에서 나에게 울부짖는다"(창 4:10).

오늘 남아 있는 자들이 먼저 간 임들을 위해 무거운 예배를 드립
니다. 여전히 광주는 북한군이고 여전히 광주는 좌익 빨갱이고 여
전히 광주는 폭동입니다. 광주를 모독한 이들에 대해서는 어떤 처
벌도 없습니다. 오히려 사면했습니다. 어처구니가 없습니다. 주님,
그 중심에 길고 긴 악마의 행렬이 있습니다. 청산되지 않은 친일입

니다. 나찌 부역자들을 청산했던 샤를 드골 프랑스 대통령은 이런 말을 남겼습니다. "어제의 범죄를 벌하지 않는 것, 그것은 내일의 범죄자에게 용기를 주는 것과 똑같은 어리석은 짓이다. 프랑스가 외국인에게 점령될 수 있어도 내국인에게는 더 이상 점령당하는 일은 없을 것이다." 주님, 여전히 친일 독재 내국인에게 점령당한 이 나라를 불쌍히 여겨 주옵소서.

마가복음 1:40-45

•••

예수께서 그를 불쌍히 여기시고, 손을 내밀어 그에게 대시고 말씀하셨다.
"그렇게 해주마. 깨끗하게 되어라"(41절).

주님, 성령강림절입니다. 성령은 여전히 귀신 놀이에 불과합니
다. 신비한 빙의의 열광과 극도의 이기적인 기복주의를 불러일으킵
니다. 말 그대로 거룩한 영, 거룩한 마음임을 알지 못합니다. 성령
은 기분이 아니건만 들뜬 열광주의에 빠져 있습니다. 사실상 그 열
광주의에 죄마저 무뎌집니다. 그것이 구원이라고 착각합니다. 주
님, 성령의 임재는 삶이 말해 줌을 알게 하옵소서.

아직 갈등이 있다면, 아직 혐오가 있다면, 아직 차별이 있다면
아직 성령은 임재하지 않았음을 알게 하옵소서. 예수 천당, 불신 지
옥의 마음은 거룩한 영이 아니라 더러운 영임을 알게 하옵소서. 세
습이 있는 곳에 섬김의 거룩한 영이 아니라 지배와 소유의 더러운
영이 있음을 알게 하옵소서. 종교, 이념, 지역, 성의 혐오와 차별,
그 높은 담은 더러운 영이 이루는 것임을 보게 하옵소서. 연민이 경
계를 넘어 경멸로 갈 때 우리는 거룩함을 무너뜨리고 더러움으로
넘어갑니다. 사랑이 경계를 넘어 쾌락으로 갈 때 거룩한 영은 이내
더러운 영으로 변질됩니다. 자유가 경계를 넘어 방종으로 흐를 때

거룩함과 더러움의 사이가 그리 멀지 않음을 눈을 뜨고 보게 하옵소서. 거룩함과 더러움, 우리 속에 종종 있는 두 마음입니다. 주님, 우리는 약하오니 주님의 강권적인 힘을 받아 거룩함의 손을 들어 주옵소서.

2019. 6. 23.(성령강림 후 둘째 주일, 6.25민족화해주일)
마가복음 1:40-45

● ● ●

곧 나병이 그에게서 떠나고, 그는 깨끗하게 되었다(42절).

주님, 매 주일 참회의 기도와 용서의 선언을 습관처럼 반복합니다. 달라진 것 없는 모습에 익숙해져 가는 것만큼 더러운 것이 어디 있겠습니까? "이제 끝장이구나!"라는 공자의 절규가 새삼 내면에 울립니다. 혹 용서의 선언으로 마음의 평안을 삼는 우리가 아닌지요? 그저 죄를 토로하는 것만으로 죄를 씻은 양 착각하며 후련해진 우리 모습은 아닌지요? 주님, 왜 믿는다는 우리의 죄가 자꾸 늘어만 가는지 자기를 성찰하게 하옵소서.

세례의 물 몇 방울로 씻김을 받고 깨끗해졌다는 안도감이 우리를 죄에 둔감한 나병 환자로 만들어 가고 있음을 봅니다. 씻어도 어디까지 씻었는지 모르겠습니다. 마음을 바꾸지 않는 한 손을 씻어도 재범이 습관처럼 기다리고 있음을 봅니다. 씻어도 마음까지 깨끗하게 씻지 못했습니다. 씻어도 깨끗한 마음에 이르지 못했습니다. 회개의 두 손을 모아도 거룩함에 이르지 못했습니다. 우리의 기도, 예배, 찬양, 말씀 모두 마음에 칼을 대지는 못했습니다. 거룩한 마음, 성령에 절실하지 못했습니다. 결국 여전히 증오, 갈등, 반목, 시기, 질투, 허영, 비교, 우월과 열등은 고스란히 남아 있습니다. 주님, 교회 안이든 밖이든, 가족이든 이웃이든 교우이든 서로를 향한 부끄러운 원망을 거두게 하옵소서.

오늘 한국전쟁이 일어난 지 69년을 맞이하며 민족화해주일로 예배를 드리고 있습니다. 북의 묵묵부답이 오래 지속되고 있습니다. 35년 우리를 강점한 일본보다, 우리를 식민지화했고 강제로 두 동강 낸 미국보다 더 멀어져가는 현실입니다. 주님, 이 약소국의 비애를 주님은 잘 아십니다. 당신의 나라도 로마의 식민지였으니까요. 우리는 서로를 불쌍히 여기는 마음으로 대하지 않습니다. 분단의 금은 남이 그어 놓았건만 우리는 우리끼리 싸웁니다. 우리 민족의 운명은 우리가 결정하자는 남과 북 형제의 도보다리 결의는 어떻게 되고 있나요? 주님, 이제 강대국의 눈치를 보느라 사팔뜨기가 된 이 백성을 불쌍히 여겨 주옵소서. 주님, 우리 스스로 종전을 선언하게 하옵소서. 우리 스스로 평화를 선언하게 하옵소서. 우리 스스로 통일을 이루게 하옵소서. 한반도의 비핵화와 평화협정이 우리의 몫임을 알게 하옵소서. 서로를 불쌍히 여기는 거룩한 마음, 성령으로 하나 되는 남과 북이 되게 하옵소서.

2019. 6. 30.(성령강림 후 셋째 주일)

마가복음 1:40-45

•••

나병 환자 한 사람이 예수께로 와서, 그 앞에 무릎을 꿇고 간청하였다. "선생님께서 하고자 하시면, 나를 깨끗하게 해주실 수 있습니다"(40절).

이스라엘에 하늘로 통하는 요단강이 있다면 인도에는 '인도의 마음'이라고 불리는 갠지스가 있습니다. 한 해 100만 명 이상의 순례자들이 찾아옵니다. 갠지스 강물에 몸을 씻으면 이승에서 지은 모든 죄를 씻어 버릴 수 있다고 합니다. 예수님을 비롯한 수많은 사람이 하늘로 흐르는 물처럼 여긴 요단강에서 회개의 세례를 받았습니다. 요단이나 갠지스나 그래서 성지로 불립니다. 그렇게 죄를 씻어도 세상이 바뀌지 않는다고 우리는 불평합니다. 정작 깨끗해져야 할 것은 자기 자신이건만 우리는 아직 영험한 것들을 찾아갑니다. 자기가 자기를 속입니다. 자신을 빼놓고 모든 것을 바꿉니다. 그래서 목사가 되었는데도 오히려 사람됨은 멀어지고 교회를 다닌 연수만큼이나 위선과 가식이 가득합니다. 잠시 죄를 씻었을지 모르지만, 마음은 씻지 못했기 때문입니다.

우리의 예배에서의 참회와 용서의 선언, 그 악순환이 오히려 우리의 죄에 대한 양심을 무디게 합니다. 나보다 큰 남의 죄로 오히려 우리는 위로 받고 당당해집니다. 죄의 크고 작음도 자신이 만든 상대성이라는 것을 모르고 남의 눈에 든 티를 손가락질합니다. 우리 자신의 들보에는 그렇게도 무디면서 말입니다. 각성은 그 자체로서 이미 빛나는 달성이라는 현자의 말이 생각납니다. 각성을 잃었습니다. 죄의 통증이 마비되었습니다. 용서라는 싸구려 은혜가 마약처럼 작용합니다. 나병 환자가 바로 나 자신, 우리 자신이었습니다. 아직도 때 묻지 않은 젊은 날의 루터의 고백이 생각납니다. "하나님이 내 죄를 용서해 주실지 모르지만 나는 내 죄를 잊을 수 없습니다." 오늘 나병 환자로 주님께 무릎을 꿇고 간청합니다. "하고자 하시는 그 불쌍히 여기는 마음을 담아 깨끗하게 해 주십시오."

2019. 7. 14.(성령강림 후 다섯째 주일)

마가복음 1:40-45

•••

그 때에 예수께서 그에게 말씀하셨다. "아무에게도 아무 말도 하지 말아라. 가서, 제사장에게 네 몸을 보이고, 네가 깨끗하게 된 것에 대하여 모세가 명령한 것을 바쳐서, 사람들에게 증거로 삼도록 하여라"(44절).

주님, 제가 오른쪽으로 걷고 있다는 이유만으로 옳은 일을 하고 있는 옳은 사람이라고 여겼습니다. 교회에 오래 다닌 교인이라는 이유만으로 나도 모르는 사이에 괜찮은 사람인 양 여겼습니다. 집사, 권사, 장로, 심지어는 목사까지 되니 얼마나 대단한 믿음입니까? 그런데 하나님은 오늘 여기 모인 우리 각자에게 묻습니다. "네 삶을 보이라." 교회를 얼마나 다니건 교회의 직분이 무엇이든 성경을 얼마나 알든 얼마나 기도를 했건 주님은 한 질문, 내 삶이 깨끗한지 더러운지만을 묻습니다.

우리는 교회 밖 세상에서만이 아니라 때론 지금 이 자리에 와서도, 하나님 앞에서도 미워하고 시기하고 질투하며 남 잘되는 꼴을 못 봅니다. 우린 기도를 해도 제 욕심밖에는 구하지 못합니다. 우리는 예배를 드려도 누가 안 왔나 누가 늦었나를 봅니다. 우린 남을 보느라 자신을 볼 틈이 없습니다. 우린 교회에 모여도 남의 흉을 즐깁니다. 우리 믿음과 우리 삶은 전혀 다른 길을 걷습니다. 목사는 말하는 것으로 교인은 듣는 것으로 신앙생활을 다했다고 여깁니다. 우리는 입과 귀로만 믿음을 가질 뿐입니다. 삶과는 무관합니다. 그러나 주님은 단 하나 "네 삶을 보이라"고 말씀하실 뿐입니다.

　그런데 우리는 주님의 말씀에 늘 아멘 합니다. 기도를 해도 주님의 이름으로 하며 아멘 합니다. 그러나 주님의 삶은 없습니다. 우리에게 말하는 믿음만 있지 사는 믿음은 없습니다. 우리는 주님의 일에 인색합니다. 그저 내 인생을 즐기는 데 혈안이 되어 있습니다. 그러면서도 마치 신앙인인 양 위선과 가식에 익숙한 자신을 보지 못합니다. 양심의 가책이 없는, 죄의 통증이 없는 나병 환자입니다. 오늘 길 없는 광야의 길을 가시는 주님께 찾아와 그저 무릎을 꿇고 "이 더러운 나를 불쌍히 여기사 깨끗게 하여 주옵소서" 이 기도만 드리게 하옵소서.

2019. 7. 21. (성령강림 후 여섯째 주일)

오바댜 1:10-15

• • •

> 네가 멀리 서서 구경만 하던 그 날, 이방인이 야곱의 재물을 늑탈하며 외적들
> 이 그의 문들로 들어와서 제비를 뽑아 예루살렘을 나누어 가질 때에, 너도 그
> 들과 한 패였다(11절).

주님, 남의 불행을 그저 구경만 하는 방관자는 종종 얄미울 뿐
분노로 커 가지는 않습니다. 그러나 남의 불행을 기쁨으로 여기며
불행하게 한 자와 한패가 되는 것은 다릅니다. 그런데 한패인 줄 모
르고 성조기를 들고 이스라엘 기를 드는 것, 심지어는 일장기를 드
는 것은 순진한 것인지 멍청한 것인지 모르겠습니다. 사람다운 사
람이 중요한지 예수쟁이가 되는 것이 중요한지 모르는 것과 마찬가
지입니다. 우리는 우리의 죄마저 주님의 십자가에 맡기는 무책임한
방관자입니다. 그래서 여전히 지금 이 순간에도 주님을 십자가에
못 박으라고 외쳐대는 사람들과 한패가 됩니다.

남과 북은 이렇게 서로를 방관하며 살지 말아야지 했건만 갈라
선 지 70년이 되었습니다. 70년, 사람의 한평생 나이이건만 우리는
역사 전체를 태생적으로 에서와 야곱처럼 태중의 다툼처럼 여깁니
다. 분단의 고착화입니다. 분단과 좌우의 프레임으로 얼마나 많은
양민을 학살했는지 모릅니다. 그럼에도 여전히 발포 명령자는 없습

니다. 빨갱이로 뒤집어씌우는 것은 죄가 되지 않습니다. 밝혀진 것은 아무것도 없습니다. 과거는 묻고 미래를 보자고 합니다. 이렇게 우리는 교활한 방관자가 되어 갑니다. 우리 기독교인에게는 절묘한 방관이 있습니다. 그저 기도만 할 뿐이라는 것입니다. 기도야말로 가장 큰 방관이었다는 것을 조금만 자기를 살피는 사람이라면 압니다. 기도가 손으로 드리는 것이 아니라 온몸으로 드리는 삶이라는 것을 우리는 애써 모른 척합니다. 그 모른 척이 방관입니다.

"네가 멀리 서서 구경만 하던 그 날"이 심판의 날임을 우리는 모릅니다. 우리는 남은 씹어도 자신을 씹지는 않습니다. "자신은 씹을수록 '단물'이 나지만 남은 씹을수록 악취가 납니다"(김영훈, 『생각줍기』, 99쪽). 자기 성찰조차 주님의 십자가에 맡겨버린 자기 인생의 방관자입니다. 하물며 역사의 방관자가 된 지는 이미 오래입니다.

지리한 장마가 그칠 줄 모릅니다. 씻어도 씻어도 없어지지 않는 우리의 더러움은 더 지리합니다. 남의 불행을 기뻐하는 더러운 심보라도 씻겨지기를 바라지만 입가에 나도 모르게 핀 음흉한 미소는 내가 누구인가를 잘 말해 주고 있습니다. 부끄러움 없는 자기 모습에 이제는 더 이상 놀라지도 않습니다. 죄의 과적이 죄의 익숙이 되어가는 오늘, 주체 못 할 더러움에 뻔뻔하지만, 다시 고개만 숙일 뿐입니다.

2019. 8. 11.(성령강림 후 아홉째 주일, 평화통일주일)

이사야 62:6-12

•••

나아가거라, 성 바깥으로 나아가거라. 백성이 돌아올 길을 만들어라. 큰길을
닦고 돌들을 없애어라. 뭇 민족이 보도록 깃발을 올려라(10절).

"조선의 독립운동은 세계의 대세요, 신의 뜻이요, 한민족의 각
성이다"(여운형, 도쿄 제국호텔 연설에서, 일본 「마이니치 신문」, 1919년 11월 28
일). 100년 전 도쿄 한복판에서 시대의 파수꾼 몽양 선생이 한 말입
니다. 조선 독립이 하나님의 뜻이고 그 뜻을 각성하고 실현하는 조
선인, 그는 하나님의 사람이었습니다. 그러나 하나님의 그 뜻을 교
회는 저버렸습니다. 입으로만 아멘 하고 신사참배의 우상 앞에서
무릎을 꿇었고, 온 교회가 아직도 그 뻔뻔함을 벗지 못했습니다. 친
일의 몸뚱이이기에 태극기로 자기 자신을 가리면서 입에서는 욱일
기를 연일 흔들고 있습니다. 일본의 극우는 일본을 위해 일하고 한
국의 극우는 한국이 아니라 일본을 위해 일하고 있습니다. 그 중심
에 기독교 교회가 있습니다.

그것은 기독교 정신과 아무런 관련이 없었습니다. 그저 힘 있는
자의 편이었습니다. 일제의 편이었고 오랜 독재 권력의 편이었습니
다. 기독교가 아니라 일제의 신사 신도여도 찬양했고, 종교가 무엇
이든 독재여도 굴종했습니다. 불의한 권력 앞에서는 그들이 그토록

소중하게 여기던 구호 예수 천당, 불신 지옥도 온데간데없습니다. 우리의 적은 밖이 아니라 안에 있습니다. 그 불의한 권력에 저항하는 수도 없는 양민을 빨갱이로 몰아 살해하고 친일에서 반공주의자로 신분 세탁을 했던 그 중심에 그들이 걸어놓은 예수 십자가는 너무나 가증스럽습니다. 자기 십자가는 이미 없습니다.

　주님, 누구를 탓할 것이 아닙니다. 지금 예배드리고 있는 우리의 가슴을 쳐야 할 때입니다. 그저 말로만 듣고 아멘 하는 것으로 구원이 있는 양 길들어버린 우리, 실천은 없고 관념적인 믿음만 메아리치는 오늘 우리 그리스도인의 현주소입니다. 주님, 해방 74년을 맞이하면서 통한의 참회가 한 번도 없었던 교회를 불쌍히 여기시어 이제는 자기 십자가를 회복하게 하옵소서. 주님, 우리를 파수꾼으로 부르심에 응답하게 하옵소서. 극일은 교회의 참회에서 시작됨을 깨닫게 하옵소서.

2019. 8. 25.(성령강림 후 열한째 주일)

학개 1:1-15

•••

너희는 씨앗을 많이 뿌려도 얼마 거두지 못했으며, 먹어도 배부르지 못하며, 마셔도 만족하지 못하며, 입어도 따뜻하지 못하며, 품꾼이 품삯을 받아도, 구멍 난 주머니에 돈을 넣음이 되었다(6절).

죄란 사람답지 못한 것. 구원이란 사람다움을 회복하는 것. 거듭남이란 가치관이 바뀌는 것. 영생이란 시대를 아우르는 보편적인 진리를 체득하는 것.
_ 김홍한 목사

어느 목사님이 보내온 문자에 저는 그만 잠시 숨을 멈췄습니다. 지나간 나의 죄도 관념이었고 구원이란 종교적 예전의 말에 불과했습니다. 그러니 거듭남도 영생도 말뿐입니다. 다시 묻습니다. 유치하고 사소한 것에 분노하지는 않았는가? 탐욕이 채워지지 않았다고 슬퍼하지는 않았는가? 내 열정이 남을 살리는 것이 아니라 죽이는 것을 향하지 않았는가? 오늘 내 마음을 설레게 하고 흥분시키는 것은 떳떳한 일인가?

주님, 가을입니다. 가을바람에 떨어지는 꽃에도 소중한 봄이 있었고 여름이 있어 사연 깊은 시절을 지나왔습니다. 하찮은 생명에도 하나님의 노래가 있었습니다. 우리는 절로 흥이 납니다. 가치 있는 생명의 날들이 펼쳐져 있습니다. 거둘 것이 많은 흥분된 가을입니다. 주님, 이 가을, 그 어떤 강대국도 흔들 수 없는 나라를 만들겠다는 흥분, 강대국이 만든 분단으로 마음이 상한 남·북의 형제들을 향한 평화의 편지를 띄우고 싶은 흥분, 힘겹게 살아가고 있는 우리 교우들 나아가 이웃들의 무거운 어깨를 쓰다듬는 흥분, 신음하는 자연을 안아주며 자연과 친구가 되는 설렘과 흥분을 주옵소서.

2019. 9. 8.(창조절 첫째 주일, 개척선교주일)

마태복음 6:19-21

•••

너희는 자기를 위하여 보물을 땅에다가 쌓아두지 말아라. 땅에서는 좀이 먹고
녹이 슬어서 망가지며, 도둑들이 뚫고 들어와서 훔쳐간다(19절).

속에 하늘이 있고 아버지가 있다.
그 속에 들어가서 용납이 되어야 하는데,

그 속에 용납이 안 되면 부득이 껍데기만
비빌 수밖에 길이 없다.

껍데기만 문지르고 거죽이나 문지르니
점점 가죽이 두꺼워져서 철면피가 된다.

수박 껍질에 붙어 다니는 파리와 같이
새빨간 속은 보지도 못하고 수박 껍데기만
헛돌았으니 이런 인생이야말로 허망한 인생이다.
_『다석 어록』, 131쪽

다석 유영모 선생의 가르침입니다. 어느새 죄를 회개하면서도

죄에 점점 더 뻔뻔한 사람이 되고 있습니다. 그야말로 철면피입니다. 앞과 뒤가 다르고 속과 겉이 다릅니다. "세상에 자신을 드러낼 때 내면의 실상을 위장하는 것은 자신의 영혼을 분열시키는 것이다. 영혼의 분열을 초래하는 가장 확실한 길은, 속으로는 그렇게 생각하지 않으면서 입으로는 다른 말을 하는 것이다"(버지니아 스템 오언스, 『어머니를 돌보며』 중에서).

한 현자의 이 엄청난 말에도 이제는 둔감한 지경에 이르렀습니다. 오랜 신앙생활이 오히려 우리를 죄에 둔감하게 만들었습니다. 우리의 기도, 말씀, 봉사도 남에게 보이기 위한 것으로 습관화되었습니다. 그러면서도 지위와 소유를 탐합니다. 자리가 아니면 앉지 말라는데 길이 아니면 가지 말라는데 내 자리이고 내 길이라고 굳이 변명하고 합리화하는 데 익숙해져 있습니다. 가장 거룩한 이 시간, 거룩한 사람이라고 불리는 성직자와 성도가 거룩할 성聖 자를 달고 위선과 가식을 주고받습니다. 보이기 위한 겉치레입니다. 하나님의 눈은 보이지 않고 사람들의 눈만 의식합니다. 조금만 잘난 것이라도 알리고 싶어 땅 위에서 외쳐대는 우리가 언제나 하늘을 알겠습니까? 땅 위에만 쌓느라 내 하늘은 텅 비어 있습니다. 좀이 먹고 녹이 슬대로 슨 허망한 인생임을 고백합니다. 제대로 자기를 보자면 자학할까 두렵습니다. 그러나 볼 것을 보게 하옵소서. 그리고 일어서게 하옵소서.

2019. 9. 15.(창조절 둘째 주일, 한가위감사주일)

예레미야 4:19-31

• • •

나의 백성은 참으로 어리석구나. 그들은 나를 알지 못한다. 그들은 모두 어리석은 자식들이요, 전혀 깨달을 줄 모르는 자식들이다. 악한 일을 하는 데에는 슬기로우면서도, 좋은 일을 할 줄 모른다(22절).

오늘 남신도주일입니다. 누군가의 할아버지이고 아버지이고 아들이고 손자입니다. 그리고 직장인이고 사회인이고 이웃입니다. 부끄럽습니다. 그렇기에 이 자리에 주님의 자비로운 용납을 믿으며 나왔습니다. 주님, 용서받기를 원하오니, 주님의 크신 은혜로 다시 살아갈 힘과 용기를 주옵소서. 무엇보다도 가장 가까운 가족에 충실했는지 묻는 데서 얼굴을 들 수 없습니다. 가족끼리도 용서하지 못하고 화목하지 못했던 적도 적지 않습니다. 하물며 형제와 이웃에 대해서는 무슨 관심이나 가졌겠습니까? 저마다 가정을 꾸리느라 제 가족만 살피는 가족주의에 빠지기도 했습니다. 경제적 어려움을 핑계 삼지만 제 것을, 제 가족의 것을 줄이고 비울 줄 몰랐습니다. 우리의 도움을 기다리는 신음하는 이웃들을 못 본 척하며 살아왔습니다. 나름대로 나쁜 짓을 안 한다고 살아왔지만, 내 이웃을 나 자신처럼 사랑하기에는 턱없이 부족했습니다.

신앙을 말하자면 더욱 부끄럽습니다. 기도하면서도 제 욕심에 간혀 있었고 저와 우리 가족의 복만 구했습니다. 남이 어떻게 살든 관심이 없었고 제 뜻에 묻혀 하나님의 뜻은 생각지도 않았습니다. 그러니 이 나라 역사가 어떻게 흘러왔건 관심이 없었습니다. 나만을 생각하느라 하나님의 나라는 관념이었고, 제 나라 지키는 일에도 멀었습니다. 언론이 무슨 말을 하건 확인도 안 하고 그저 믿었습니다. 무지가 죄라는 것을 이제야 깨닫기도 합니다. 주님, 사랑하지 않은 죄, 용서하지 않은 죄, 자비를 베풀지 않은 죄, 기도하지 않은 죄, 배려하지 않은 죄, 화해하지 않은 죄, 겸손하지 않은 죄를 생각하며 죄의 통증에 둔감하지 않게 하옵소서.

틈만 나면 높아지려 했고 틈만 나면 자기 자랑이었습니다. 악한 일에는 그 좋은 머리를 쓰면서도 선한 일에는 주저했습니다. 합하여 선을 이루려는 교회는 그저 말뿐이었습니다. 교회에 와서도 시기와 질투가 잠잠하지 않았고 교회에 와서도 다른 이의 흉을 봤고, 교회에 와서도 다투었고 교회에 와서도 인색했습니다. 특별히 자녀들에게 신앙은 있어도 좋고 없어도 좋은 것이었습니다. 믿음에 절실하지 않은 우리가 어찌 자녀과 후손들에게 신앙을 말하겠습니까? 미래를 잇댈 수 없는 우리의 부끄러운 신앙을 고백합니다. 주님, 남신도주일을 맞이하며 우리의 믿음이 회복되게 우리를 성찰하게 하옵시고 재물의 세습이 아니라 믿음의 대를 잇는 결단을 주옵소서.

2019. 9. 22.(창조절 넷째 주일)

창세기 10:21-32

• • •

이 사람들이 종족과 언어와 지역과 부족을 따라서 갈라져 나간 셈의 자손이다
(31절).

주님, 우리는 시장이 신이 된 세상에서 살고 있습니다. 누군가가
사면 나도 사야 하고 누군가가 팔면 나도 팔아야 하고 거기서 쌓이
는 돈이라는 자본의 축적이 이룬 자본주의 시장입니다. 경쟁을 위
한 자유와 경쟁을 통한 사유만이 가치입니다. 자가 본이 되는 가치
입니다. 보이지 않는 신의 손이 있어 수요와 공급을 통해 자연스러
운 생산과 소비가 이루어진다고 하지만 사실 그 손이 보이지 않는
것은 보이지 않아서가 아니라 처음부터 없었음을 압니다. 사실 보
이지 않는 손이 아니라 불의한 권력과 재력이 만든 손입니다. 불공
평 · 불평등, 빈익빈 · 부익부의 오랜 익숙함이 있습니다.

사실 사고파는 물건만이 아닙니다. 교육도 더 이상 시장을 벗어
나지 못합니다. 우리 자녀가 학교와 학원에 있어야 안심합니다. 실
제 하나님은 교회에 있지 않고 학원에 있습니다. 학력과 학벌은 이
제 가진 자의 피라미드입니다. 거기 원망하기도 하며 부러워하기도
하는 구조악 SKY가 있습니다. 언론 시장은 누구도 거부하지 못하
는 거센 파도입니다. 모두가 그 파도에 빠져 익사합니다. 그 누구도

다른 이야기를 들을 채널권은 없습니다. 다른 이야기를 듣고 말할 수 있는 사람에게는 치러야 할 색깔 덧씌우기 대가가 있습니다. 듣는 것도 말하는 것도 획일화된 우리가 귀머거리요 벙어리입니다.

금융시장은 국가주의적 자본주의를 이끕니다. 大馬不死^{대마불사}, 너무 커서 파산시킬 수 없는 거대한 신입니다. 너무 크니 위대해 보입니다. 모두가 찬양합니다. 그 뒤에 자본을 쥔 재벌이라는 맘모나스 재물의 신이 존재합니다. 수요와 공급에 제일 예민한 시장은 종교입니다. 바로 이 자리입니다. 그저 복만 받으면 됩니다. 그것도 자본주의가 내놓은 맘모나스의 신만을 찬양합니다. 결론은 잘 먹고 잘살았다는 신파입니다. 생각하지 않습니다. 우렁찬 아멘만이, 맹목적인 반사만이 요란합니다. 그리고 다시 욕망의 세상에 휩싸입니다.

주님, 지금 교회입니다. 기도하는 곳이라고 하지만 강도의 소굴이 된 지 오래입니다. 신앙도 욕망과 충족의 변화 체계에 불과합니다. 또 하나의 거래가 하나님과 사람 사이에 이루어집니다. 그 하나님은 사람의 욕망이 투사된 만들어진 신입니다. 그 왜곡의 주역이 역시 나이고 우리입니다. 주님, 이젠 그만 시장의 노예가 되지 않게 하옵소서. 이젠 거대한 시장, 아니 노예시장으로부터 탈출하는 출애굽의 은총을 주옵소서. 악이 찰 대로 찬 세상에서 노아는 하나님의 눈에서 은총을 보았습니다. 이 시간 우리에게 제대로 볼 수 있는 눈, 제대로 들을 수 있는 귀 그리고 세상에 나가 제대로 전할 수 있는 입을 주옵소서.

하기야, 나는 육신에도 신뢰를 둘 만합니다. 다른 어떤 사람이 육신에 신뢰를 둘 만한 것이 있다고 생각하면, 나는 더욱 그러합니다(4절).

> 밤이면 밤마다 나의 거울을
> 손바닥으로 발바닥으로 닦아보자
>
> 그러면 어느 운석 밑으로 홀로 걸어가는
> 슬픈 사람의 뒷모양이
> 거울 속에 나타나온다
> _ 윤동주, 〈참회록〉에서

주님, 창씨개명으로 이름을 잃어버리고 나라를 잃어버린 청년 윤동주가 "내 이름자를 써보고 흙으로 덮어버렸다"(〈하늘과 바람과 별과 시〉에서)는 그리고 "딴은 밤을 새워 우는 벌레는 부끄러운 이름을 슬퍼하는 까닭입니다"(같은 시)라고 고백했던 그 부끄러움은 여전히 교회라는 이름을 걸면서도 그 이름을 잃어버렸고 예수의 이름으로 기도한다면서 이미 예수는 없는 우리 신앙의 현주소입니다. 9월이 되면 각 교단이 총회를 하면서 예수라는 이름은 없고 악마의 이름만 나부끼는 지옥을 확인합니다.

예수는 로마에 가서 제도가 되고, 유럽으로 가서 문화가 되고, 미국으로 건너가 기업이 되고, 한국으로 건너와서는 대기업이 되었다지요? 결국 그 대기업을 사유화하고 세습하기에 이르는 것은 당연합니다. '내가 어떻게 이룬 것인데 하나님께 드리나?' 그러나 사실 그들이 더 솔직할지 모릅니다. 정작 아니라고 외쳐대지만 "어느 운석 밑으로 홀로 가는 슬픈 사람의 뒷모양"이 참회의 거울에 적나라하게 나옵니다. 그토록 비난하면서도 그토록 부러워하는 내 뒷모양 말입니다. 오늘 우리도 세습하고 싶을 정도의 양적 성장을 이루고 싶어 하지는 않나요?

오래전 우리는 예수의 이름을 지웠습니다. 예수는 더 이상 고귀한 지식이 아닙니다. 오히려 우리가 그의 이름을 빙자해 구하는 속된 것들이 더 값집니다. 혈연적 가문, 권력의 지위, 소유가 여전히 절대적으로 소중합니다. 그들이 하나님의 자리를 차지하고 있습니다. 바울은 그것들을 오물처럼 여기라고 했지만 우리는 하나님처럼 여깁니다. 우리는 오물을 믿고 섬기고 있습니다. 오물인 줄도 모르고 쓰레기 인생을 살아갑니다.

다시 한번 동주의 가슴앓이를 새기며 "밤이면 밤마다 나의 거울을 손바닥으로 발바닥으로 닦아보자"라고 다짐해 봅니다. 주님, 다시 우리 자신을 우리 자신의 뒷모양까지 참회의 거울에 비추며 손바닥이 닳도록, 발바닥이 닳도록 우리 마음을 닦는 참회의 기도를 드리게 하옵소서.

시편 23:1-6

•••

나에게 다시 새 힘을 주시고, 당신의 이름을 위하여 바른 길로 나를 인도하신
다(3절).

입동이 아는 체도 안 하고 지나갔습니다. 비움의 계절에 싸늘한
바람이 불더니 어느새 어깨를 움츠립니다. 계절 앞에 항상 부끄럽
습니다. 계절은 비울 줄도 알고 벗을 줄도 압니다. 봄, 여름이 지나
면 비움의 가을날, 떨어진 낙엽에서조차 겸손을 보건만 가을이 되
고 겨울이 되어도 우리는 제 손에 쥔 것을 놓지 않으려 바둥거립니
다. 아니 그래도 부족하다고 원망, 불평입니다. 자연은 사계절이지
만 사람에게는 가을과 겨울이 없습니다. 누구에게도 주고 싶지 않
아 기어이 세습이라도 해야 안심하는 참 한심한 우리 자신입니다.
우리는 하나님의 자녀라고 하지만 사실은 교회 속의 이방인입니다.
그저 욕망이라는 본능만 꿈틀거리는 속수무책의 버러지 같습니다.
  비움과 버림이 이미 커다란 손실이라고 생각하는 우리에게 푸
른 풀밭과 쉴만한 물가는 보이지 않습니다. 우리는 그 땅값을 계산
하고 있고 그 물값을 재고 있습니다. 우리는 말만 그리스도인입니
다. 버림과 비움은 그리스도에게 맡겨버리고 그를 믿으면 마치 버
림과 비움을 실천하는 듯 가식과 위선으로 가득 채우고 있습니다.

"괜찮아, 주님께서 해 주셔. 주님께 맡겨." 그렇게 말하면서 내 몫의 십자가는 이미 폐기 처분했습니다. 거기다 부끄러움조차 없습니다.

子曰君子 恥其言而過其行 자왈군자 치기언이과기행
공자께서 말씀하시기를, "군자는 자기가 한 말을 실천하지 않는 것을 부끄럽게 여긴다."

주님이 우리에게 가르쳐 주신 말씀으로 주의 선한 능력을 받아 인도받게 하옵소서. 주님, 우리의 참회가 눈물겨운 이 부끄러움에서 출발하게 하옵소서.

2019. 12. 1.(대림절 첫째 주일)

누가복음 2:25-35

•••

주님, 이제 주님께서는 주님의 말씀을 따라, 이 종을 세상에서 평안히 떠나가
게 해주십니다. 내 눈이 주님의 구원을 보았습니다(29-30절).

주님, 다시 기다림의 계절입니다. 좋은 세상, 좋은 나라를 기다
렸고 좋은 학교, 좋은 직장을 기다렸고 좋은 가정을 기다렸고 좋은
이웃을 기다렸고 좋은 교회를 기다렸습니다. 하지만 정작 좋은 나
를 기다리지는 못했습니다. 나는 여전히 그 자리에서 꼼짝도 하지
않습니다. 여전히 내 중심이었고 내 형편이었고 내 주장이었습니
다. 계절은 벗고 있는데 우리는 기를 쓰고 입고 있습니다. 계절은
소박하게 숨겨진 뿌리로 돌아가고 있는데 우리는 아직 화려하게 드
러난 꽃과 열매를 찾고 있습니다.

기다림이 비움이라는 사실을 알지 못합니다. 아기 예수를 기다
린다고 하지만, 내 안에 그분이 들어올 공간은 없습니다. 주님을 따
르라고 하였지만, 우리가 주님을 데리고 다닙니다. 주님의 뜻보다
는 내 뜻이 앞서고 그저 내 뜻을 이루게 해달라고 떼를 쓰는 기도가
전부입니다. 아직도 힘의 강약이 승패를 가른다고 여깁니다. 거룩
함과 더러움이 승패를 가른다는 사실을 여전히 외면합니다.

주님, 우리의 기다림이 우리의 거룩함이 되게 하여 주옵소서. 이

302 | 전에는… 이제는…

제는 전환점입니다. 지금까지 달려오던 것과는 전혀 다른 쪽으로 방향을 틀어야 할 지점입니다. 남이 아니라 내가 말입니다. 주님, 내가 책임지는 장미꽃 한 송이, 내가 거룩으로 길들인 장미꽃 한 송이, 그것은 바로 거룩한 나이고 나로부터 나온 내 나라이고 내 가정이고 내 교회임을 알게 하옵소서. 대림절 기다림의 끝에서 나의 성탄을 이루게 하옵소서.

2019. 12. 15.(대림절 셋째 주일)

창세기 6:1-8

• • •

주님께서 말씀하셨다. "생명을 주는 나의 영이 사람 속에 영원히 머물지는 않을 것이다. 사람은 살과 피를 지닌 육체요, 그들이 날은 백이십 년이다"(3절).

　오래전 어느 종교의 차량 뒤편에 '내 탓이오'라고 쓰여 있는 것을 보며 누가 비웃듯 이야기하는 것을 들었습니다. "왜 내 탓이오 하면서 남 보라고 차 뒤에 붙이나? 자기 탓이면 앞창에 붙여야지." 수많은 설교를 하면서 자기를 향한 날 선 말씀이라는 것을 잊고 사는 제 모습을 봅니다. 좋고 나쁨의 이원론에 익숙해진 선악과를 먹은 나 자신이 아닌가, 거기다가 선은 내 편이고 악은 다른 사람 편인 것을 당연히 여기며 살아가고 있는 것은 아닌가 생각해 봅니다.

　"예전에 아메리카의 나바호 인디언들은 양심을 인간의 마음속에 들어있는 삼각형으로 형상화했다고 합니다. 나쁜 짓을 하게 되면 가슴이 떨리고 마음이 불편한 것은 이 삼각형이 회전하면서 모서리가 심장벽을 마구 파헤치기 때문이라고 여겼습니다. 하지만 사람이 나이를 먹어가면서 양심에 반하는 짓을 계속 반복하다 보면 삼각 모서리는 모두 닳아 없어져 버리고 심장벽에도 굳은살이 배겨 아픔을 느끼지 못하게 됩니다. 그래서 인디언들은 어린아이의 양심은 삼각형으로, 어른의 양심은 원형으로 표기했다고 합니다. '착하게 살라'고 입바른 소리를 해대는 귀뚜라미를 죽인 피노키오"(김종구, "양심과 양심", 「한겨레」, 2015. 4. 19.)에게서 내 모습을 봅니다.

주님, 사실 양심이 무뎌졌습니다. "양심은 사람들이 들으려 하지 않는 작은 목소리"라는 말에 양심마저 늙은 제 모습을 봅니다. 성직자라는 이유로, 그리스도인이라는 이유로 천국은 이미 주어진 것인 양 살아가는 우리의 착각을 과연 우리는 알고나 있는지 모르겠습니다. 선악과를 먹은 것까지는 좋으나 그 선이 일방적으로 자기인 것처럼 살아가고 있는 우리 모습이 아닌가 부끄럽습니다. 주님, 선악과도 토해낼 수 있나요? 그러면 삶이 더 힘들어지나요? 다시 삶의 동산 한가운데로 가서 생명나무 열매를 먹을 수는 없나요? 오늘 생명나무 열매로 가는 은총을 당신의 눈에서 발견하게 하옵소서.

2019. 12. 22.(대림절 넷째 주일)

누가복음 1:67-80

• • •

아기는 자라서, 심령이 굳세어졌다. 그는 이스라엘 백성 앞에 나타나는 날까지 광야에서 살았다(80절).

주님, 올해 대학교수들이 선택한 사자성어는 공명지조共命之鳥라고 합니다. 함께 共, 목숨 命, 갈 之, 새 鳥입니다. 한 몸에 두 개의 머리를 가진 새로 어느 한쪽이 없어지면 자기만 살 것 같이 생각하지만 그러다간 모두 죽는다는 뜻이라고 합니다. 공명조는 『아미타경阿彌陀經』 등 불교 경전에 등장하는 하나의 몸에 두 개의 머리를 가진 새입니다. 이 새의 한쪽 머리는 낮에, 다른 쪽 머리는 밤에 각각 일어납니다. 한 머리는 몸을 위해 항상 좋은 열매를 챙겨 먹었는데, 다른 머리가 이를 질투했습니다. 다른 머리가 화가 난 나머지 어느 날 독이든 열매를 먹어버렸고, 결국 양쪽 머리가 모두 죽게 됐습니다.

문제는 독을 먹은 새가 자신은 아니라고 여긴다는 것입니다. 그 새가 바로 나이고 우리입니다. 우리라고 하니까 죄책감은 덜하고 위로가 됩니다. 저마다 힘을 좋다 뭣하다 싶으면 나 죽고 너 죽는 길을 갑니다. 우리는 살리러 오신 주님을 죽인 사람들입니다. 거기서만 그치는 것이 아닙니다. 죽이러 오는 사람을 오히려 살려 줍니다. 힘을 숭상합니다. 그것도 살릴 힘이 아니라 죽일 힘을 말입니다. 그래서 우리의 선택은 항상 뒤집힙니다. 하나님과 맘몬 중 맘몬을 선택합니다. 야훼와 바알 중 바알을 선택합니다. 그리스도와 바라바 중 바라바를 선택합니다. 야훼를 외친 예언자들의 무덤들은 쌓여 갑니다.

아직도 엘리야는 로뎀나무 밑에서 신음합니다. 그릿 시냇가도 메말라 갑니다. 우리의 메시아는 아기로 오셨습니다. 우리 안으로 오셨는데 막상 와보니 해산할 방조차 없었습니다. 하마터면 주님을 엄동설한에 얼어 죽게 할 뻔했습니다. 아니 좀 시간을 끌다가 결국은 죽였습니다. 약하디약한 아기는 필요 없습니다. 당장 필요한 것은 권력과 재력입니다. 우리는 지금 길 없는 빈 들, 광야에 있습니다. 주님, 길을 열어 주옵소서. 망연자실한 채 메시아를 기다리는 것이 아니라 길을 여시는 이는 내 안에서 자라야 할 아기 예수요, 그 아기 예수의 길을 예비하려는 아기 요한임을 알게 하소서. 거기서 시작되는 메시아임을 노래하게 하옵소서. 바로 나라고.

사라질 지구,
기후 종말에 탄식하며

| 2020년도 |

이 모든 것은 하나님에게서 났습니다. 하나님께서는 그리스도를 내세우셔서, 우리를 자기와 화해하게 하시고, 또 우리에게 화해의 직분을 맡겨 주셨습니다 (고후 5:18).

주님, 새해가 왔습니다. 그러나 마음은 새롭지 못합니다. 해가 바뀌어도 여전히 당신과는 화해하지 못하는 제 모습을 봅니다. 전능하신 당신이 만든 나와 세상에 불평이 많다는 것을 주님은 아십니다. 전능하신데 왜 이렇게 만들었습니까? 사람의 불화, 시기, 질투, 탐욕, 차별, 혐오, 폭력으로부터 국가의 전쟁에 이르기까지 어찌 단 한순간도 평화를 주지 않습니까? 입에서 아예 습관이 된 '아이고'의 한숨이 넘칩니다. 당신과 화해하지 못하는 제가 어찌 사람과 화해하기를 바라십니까? 분노의 겨울밤이 깊어갑니다. 인생의 겨울 빈 들은 참으로 혹독합니다.

그러나 주님, 믿을 구석이 주님밖에 없어 이렇게 기도라도 드립니다. 알다시피 나의 기도는 푸념이고 한숨입니다. 그런데 외로운 예언자들도 세례 요한도 그리고 주님도 이 빈 들, 광야에서 외칩니다. "회개하라. 하나님의 나라가 가까이 왔다." 사실 주님의 목소리를 대변합니다. 그러나 그렇게 외친 이들마저 주님은 목을 치게 했고 십자가에 매달리게 했습니다. 그들이 명예롭고 인정받은 인생을 살았다면 우리가 이렇게까지 힘들지는 않았을 것입니다.

주님, 당신과의 화해의 대가는 적지 않음을 압니다. 먼저 자기를 부인하는 것 그리고 자기 십자가를 지는 것, 그래서 내 뜻이 아니라 주님의 뜻을 찾고 그 뜻대로 사는 것, 당신의 십자가가 아니라 내 십자가로 사는 것, 거기 화해의 길이 있음을 주님은 가르치십니다. 다시 새해입니다. 주님, 너와 나 그리고 그들과 화해를 하게 하옵소서. 남과 북이, 동과 서가, 장애인과 비장애인, 성, 빈부, 학력에 따른 계급이 무너져 화해를 이루게 하옵소서. 그 화해를 이루는 성령이 임하게 하옵소서. 그것이 당신과의 화해를 이루는 유일한 길임을 알게 하옵소서.

2020. 2. 2.(주현절 넷째 주일, 해외선교주일)

마태복음 6:25-33

● ● ●

그러므로 내가 너희에게 말한다. 목숨을 부지하려고 무엇을 먹을까 또는 무엇을 마실까 걱정하지 말고, 몸을 감싸려고 무엇을 입을까 걱정하지 말아라. 목숨이 음식보다 소중하지 아니하냐? 몸이 옷보다 소중하지 아니하냐?(25절)

주님, 누구나 눈이 있지만, 누구나 제대로 보고 있지는 않습니다. 본다는 것은 동서양을 막론하고 깨달음을 말합니다. 공자는 조문도 석사가의 早聞道夕死可矣 "아침에 도를 들으면 저녁에 죽어도 좋다" 라고 말했습니다. 진리에 대한 절실함입니다. 주님의 현현을 기념하는 주현절 절기이지만 우리는 아직 주님의 나타나심을 보지 못하고 있습니다. 이미 하나님의 나라는 왔습니다. 그러나 보지 못한 우리의 우매함이 있을 뿐입니다. 그저 제 욕심에 사로잡혀 하나님을 쳐다보며 제 뜻과 주장, 탐욕을 구걸하는 우리의 값싼 기도만 있을 뿐입니다.

먹고 마시고 입기 위한 삶만 있을 뿐 사람다운 삶을 위해 무엇을 할 것인지를 구하지 않습니다. 그렇기에 걱정투성이의 하루 종일입니다. 자기를 보는 자기 성찰의 수행은 이미 낡은 것이 되어 있습니다. 남의 티를 들보처럼 떠들어 댑니다. 남에게서 책임을 찾지 나에게서 찾지 못합니다. 주님, 내 안의 나를 온전히 보기 위해 거짓 나를 잘라내고 참 나를 찾아 질병으로 힘든 이들을, 특히 힘든 나그네들을 기꺼이 맞이함으로 하나님의 사랑을 전염시키는 은총을 구하게 하옵소서. 나의 무거운 주장, 뜻, 탐욕을 비워 좀 더 나은 거룩한 삶, 좀 더 나은 평화의 세상을 위해 하늘을 나는 새가 되게 하옵소서.

2020. 4. 26.(사순절 셋째 주일)

민수기 9:15-23

• • •

때로는 이틀이나 한 달이나 또는 몇 달씩 계속하여 구름이 성막 위에 머물러 있으면, 이스라엘 자손은 그 곳에 진을 친 채 길을 떠나지 않았다. 그들은 구름이 걷혀 올라가야만 길을 떠났다(22절).

주님, 사회적 거리, 물리적 거리를 두었다고 사람의 관계가 멀어지는 것이 아님을 알았습니다. 마음의 거리는 오히려 가까워지고 그 마음은 더욱 더 진정성을 갖습니다. 오히려 물리적 거리가 가까웠기에 보아서는 안 되는 것을 보았습니다. 증오가 생겼고 분노가 일어났고 생각이 짧아졌습니다. 왜 심봉사가 심청이를 다시 만났을 때, 멀찍이서 보았는지 알 것 같습니다. 마음의 눈으로 볼 때 눈을 뜨게 된다는 옛사람의 지혜가 담겨 있습니다. 그러나 우리는 감각적인 눈, 말초신경적인 눈에 집착합니다. 우리 안에 잔인한 N번 방이 있습니다. 그렇지 않다고 말하면서도 그것을 즐깁니다. 주님, 마음의 눈을 씻는 것에 게을렀습니다. 사시斜視 눈으로 무엇을 보고 무엇에 집착하고 있는지 나를 성찰하게 하옵소서.

잔인한 4월이 지나가고 있습니다. 하나님은 희생당한 이들에게 눈을 맞춥니다. 땅속 깊이 묻어 둔 4.3의 시신들이, 차디찬 물로 그 어린 숨이 막혀버린 세월호 아이들이 아벨의 피처럼 절규하는 것을 주님은 들으십니다. 우리의 4월은 아직 숙제가 많은 이 나라 민주주의의 4.19와 함께 주님의 마음이 가장 오래 머문 달입니다. 그러나 우리는 갈 길이 바쁘다며 빠르게 지나칩니다. 그리고 우리 자녀들에게도 그렇게 가르칩니다. 지독히도 이기적인 것에 익숙하게 우리의 신앙도 지독히도 기복적입니다. 아픈 역사, 아픈 장면의 신음소리가 하나님의 신호임을 망각합니다. 그 신호에 둔감해 버린다면, 나와 내 자녀 또한 그 희생자가 되고 만다는 사실을 깨닫지 못합니다. 우리는 코로나를 겪으면서도 아직 거기서 들려오는 신음을 듣지 못하고 두려워하지 못합니다. 아직도 나와 내 새끼에 갇힌 채 신앙조차 비열합니다.

오늘 하나님의 구름이 다시 말씀의 성막 위에 머뭅니다. 긴 시간 내 영혼을 그 구름으로 적셔 봅니다. 주님, 이 시간 하나님의 현존을 느끼게 하옵소서. 조금이라도 부끄러움을 외면하지 않게 하옵소서. 그리하여 다시 주님의 구름 아래서 광야 길을 사람답게 걷게 하시고, 우리 인생의 밤에도 인도하시는 주님의 불을 보게 하옵소서.

2020. 5. 3.(사순절 넷째 주일, 교회교육주일, 어린이·청소년주일)

마가복음 3:31-35

• • •

예수께서 그들에게 대답하셨다. "누가 내 어머니이며, 내 형제들이냐?" 그리고 주위에 둘러앉은 사람들을 둘러보시고 말씀하셨다. "보아라, 내 어머니와 내 형제자매들이다"(33-34절).

가정의 달이 시작되었습니다. 그러나 우리를 향한 주님의 질문은 "누가 내 어머니이며 내 형제들이냐?"입니다. 바깥에서는 그의 친모와 동생들이 그를 찾고 있었는데도 말입니다. 주님에게는 친자 확인도 별 의미가 없습니다. 우리가 남이라고 거리를 둬야 했던 사람들을 주님은 둘러보시며 보란 듯이 떳떳하게 말씀하십니다. "보아라, 내 어머니와 형제자매들이다."

우리는 얼마간 거리 두기를 하며 지냈습니다. 바이러스가 전염되기 때문입니다. 전염은 거리가 가장 가까운 사람들 사이에서 심각했습니다. 이름하여 혈연입니다. 가족이기에, 부부이기에, 부모 자식이기에 가장 조심했어야 했는데 거리를 두지 않고 하고 싶은 대로 말하고 하고 싶은 대로 행동했습니다. 가장 큰 폭행은 가장 가까운 사람에게서 일어났습니다. 사랑이라는 이름 아래 폭력과 학대가 자행되기도 했습니다. 알고 보니 혈연의 가족이 가장 멀었습니다. 가까울수록 관계와 함께 경계가 있어야 함을 알지 못했습니다. 주님, 부부는 부모 자식과 형제자매는 서로에게 어떤 바이러스를 전파하고 있는지 스스로를 성찰하게 하옵소서. 그리고 다시 주님의 질문에 나 자신을 비춰봅니다. "누가 내 어머니이며, 형제들이냐?"

우리 시대의 절실한 화두입니다. 우리의 미래가 걸려 있습니다. 우린 아직 가족주의에 함몰되어 모두가 더불어 함께 사는 하나님의 가족임을 보지 못합니다. 거리를 두고 사는 그들이 가족이어야 진정한 평화가 옴을 깨닫지 못합니다. 이것이 하나님의 뜻임을 깨닫지 못합니다. 내 뜻이 아니라 하나님의 뜻을 물어야 살 수 있다는 것이 코로나 19가 우리에게 준 경고이건만 우리는 여전히 혈연에 목을 걸고 있습니다. 아직도 내 자식, 내 새끼입니다. 정작 거리를 두어야 할 때는 거리를 줄이고, 거리를 줄여야 할 때는 거리를 두는 어리석은 우리의 죄 된 현실입니다. 주님, 다시 거리를 측정하는 참회의 기도를 드립니다. 모든 이들과 더불어 함께 사는 하나님의 가족을 회복하게 하옵소서.

2020. 5. 17.(사순절 여섯째 주일, 5.18 민주화운동기념주일)

마가복음 7:1-13

•••

너희는 너희가 물려받은 전통을 가지고, 하나님의 말씀을 헛되게 하며, 또 이와 같은 일을 많이 한다(13절).

"1980년 고3이었던 그는 40년이 지난 지금도 구타와 고문 후유증으로 일주일에 두 번 병원에 가야 하고 궂은 날씨엔 밤잠 못 자고 있다"(김희용, 『5월의 소년』에서). 5월의 소년은 여전히 흐느끼는 굽은 등으로 그날을 잊지 못합니다. 40년이 지나도 진상 규명은 고사하고 폄훼조차 막지 못하는 우리가 아닌가요? 5월의 영령들에게 부끄럽습니다.

그런 비극으로 권력을 잡았다면 자위권 발동의 발포를 당연히 "내 책임이다" 할 법도 한데, 그는 나라를 위해서였다고 여전히 강변합니다. 그리고 광주를 향해 여전히 폭도라고 말합니다. 친일조차 나라를 위한 것이라고 하는데 그래서인지 친일이라고 하는 사람들이 붉게 세탁한 반공의 굴레, 그 빨간 피로 적셔 있는 이 나라입니다. 반공의 굴레는 36년의 친일도 덮어 버립니다. 제주 4.3부터 5.18에 이르기까지 매카시즘의 바람은 아직 잠들 줄 모릅니다. 반공 서북청년단의 교회가 그들의 하수인이 된 지도 오래되었습니다.

더욱 슬픈 것은 깊어가는 분단의 골입니다. 금강산도 개성도 서해 평화지역도 아무것도 그 골을 메꾸지 못했습니다. 아직도 이승만이라니요? 아직도 박정희라니요? 아니 아직도 미국이라니요? 이만큼 세월이 흘렀으니 누구를 탓하겠습니까? 무언가에 얹힌 사람처럼 제 가슴을 치는 참회만이 있을 뿐입니다. 수님, 이념의 맞은편 반대편을 향해 서로 바다를 당당히 걸어 이 모든 굴레를 잠재우고 남과 북이 형제애와 동질성을 회복하기를 기도합니다. 그러나 5월의 소년 동호는 여전히 오고 있습니다. 그 굴레들을 벗으라고 말입니다.

2020. 5. 24.(사순절 일곱째 주일, 도시·농어촌선교주일)
마가복음 7:1-5

• • •

> 그들은 예수의 제자들 가운데 몇 사람이 부정한 손 곧 씻지 않은 손으로 빵을
> 먹는 것을 보았다(2절).

본다고 다 보는 것이 아님을 알고 있습니다. 눈이 있어 사물을 보게 되는 것이 아니라 마음에서 피어난 그 무엇이 우리로 하여금 보게 합니다. 보려는 욕망이 눈을 만들었다고 합니다. 있는 그대로 보지 못합니다. 그렇기에 나의 잘못은 작게 보고 다른 사람의 잘못은 크게 봅니다. 거기에는 자기 의가 굳건하게 세워져 있습니다. 나는 옳고 너는 그르다입니다. 끝내는 화해할 수 없는 갈등을 증폭시킵니다. 자기 의가 충돌합니다. 서로가 의롭다는데 문제가 풀릴 길이 없습니다. 서로를 보는데 들보가 씌워져 있습니다. 자기 의가 신앙의 영역 안으로 들어오면 더욱 심각합니다. 양보할 수 없는 신념으로 구축됩니다. 다른 종교, 다른 신앙은 용납이 되지 않습니다.

또한 자기 의가 세력화될 때 그 세력에 휩싸여 진리를 인식하지 못합니다. 강력한 세력이 진리가 되어버립니다. 있는 그대로의 눈이 멀게 됩니다. 결국 눈먼 자가 눈먼 자를 인도합니다. 어느새 자신도 하나님의 나라에 들어가지 못하고 남도 들어가지 못하게 하는 목회의 길을 가고 있습니다. 제사보다는 제물에 눈이 어두워져 갑

니다. 정의보다는 권력에 눈이 어두워져 갑니다. 그러나 겉으로는 정의를 내세우고 겉으로는 신앙을 내세우는 겉치레에 온 힘을 기울입니다. 마치 회칠한 무덤과 같습니다. 겉과 속이 다른 데도 이것을 보지 못하고 오히려 익숙해집니다. 주님, 서를, 우리 각자를 불쌍히 여겨 주옵소서.

주님, 오늘 나를 보기 위해 이 자리에 왔습니다. 나를 제대로 보게 하옵소서. 나의 들보를 있는 그대로 보게 하옵소서. 겉과 속이 다른 나의 위선을 보는 참회를 이루게 하옵소서.

2020. 5. 31.(성령강림주일)

마가복음 6:33-7:6

• • •

그들은 빵을 먹이신 기적을 깨닫지 못하고, 마음이 무뎌져 있었다(막 6:52).

내 눈의 들보를 못 본 것이 아니라 애써 외면하려는 것이 아닌가 싶습니다. 들보를 갖고 살아온 내 삶이 끝도 없이 긴 영화처럼 펼쳐질 때, 차마 볼 수 없어 부끄러움뿐입니다. 개, 돼지처럼 더러움에 뒹굴다 지금 이 자리에 온 것만 해도 다행일지 모릅니다. 주님, 거룩한 하나님의 의를 짓밟으며 살아왔고 진주 같은 하나님의 나라를 물어뜯으며 살아왔습니다. 하나님처럼 되고 싶은 탐욕, 남을 짓밟아야 속이 시원했던 교만, 더러운 경쟁에 몸을 맡겼던 우월과 열등, 재력과 권력에 무릎 꿇었던 비열함, 자신의 들보는 보지 못하고 작디작은 남의 티를 보고 쾌재를 불렀던 어리석음, 개처럼 물어뜯었고 돼지처럼 짓밟았습니다. 그리고 주님께 나아와서는 이렇게 씻어 달라고 떼를 씁니다. 문제는 이것을 반복한다는 것입니다.

오늘 거룩한 영, 성령강림절입니다. 입이라도 깨끗해지고 싶습니다만 그러나 마음이 깨끗해지지 않으면 입도 더럽다는 것을 잘 알고 있습니다. 삶은 물론입니다. 주님, 우리를 불쌍히 여겨 주옵소서. 주님, 적어도 당신의 거울 앞에 선 오늘 우리 각자가 거룩의 거울에 비친 자기 모습을 외면하지는 않게 하옵소서. 이제는 설령, 반대로 짓밟히고 물어뜯기는 삶을 살더라도 먼저, 먼저, 무엇보다도 먼저, 하나님의 나라와 하나님의 의를 추구하게 하옵소서. 먼저 우리 각자의 들보를 보며 부끄러운 고개를 떨구게 하옵소서.

2020. 6. 7.(성령강림 후 첫째 주일, 환경주일)

고린도전서 15:42-44

• • •

죽은 사람들의 부활도 이와 같습니다. 썩을 것으로 심는데, 썩지 않을 것으로 살아납니다. 비천한 것으로 심는데, 영광스러운 것으로 살아납니다. 약한 것으로 심는데, 강한 것으로 살아납니다(42-43절).

주님, 2년 전 세상을 뜬 천체물리학자 스티븐 호킹은 생전에 "인류가 멸종을 피하려면 100년 이내 다른 행성으로 이주해야 한다"라고 경고했습니다. 그는 인류가 직면한 위협으로 기후변화, 소행성 충돌과 우리가 지금 겪고 있는 팬데믹(전염병 대유행)을 들었다고 합니다. 우리는 이것도 지나가겠거니 하는 기대로 살고 있습니다. 지은 죄를 생각하지 않아서입니다. 그동안 우리가 얼마나 자연을 괴롭혔는가를 생각하지 않습니다. 이미 자연은 우리의 노예요, 우리의 소유라고 여기는 데 전혀 거리낌이 없습니다. 자연에 씻을 수 없는 죄를 지었습니다. 자연의 역습이 이미 깊이 와 있음에도 불구하고 미국이라는 미개의 나라는 아직도 인종 차별의 굴레에서 벗어나지 못합니다.

부끄럽게도 시종 그 힘의 나라를 아름다운 나라라고 부러워해 온 우리 역시 한 번도 자연을 이웃으로 대하지 않았고 개발이라는 이름 아래 착취해 왔습니다. 자연이 우리의 스승임을 알지 못합니다. 시들고 썩고 죽는, 그래서 새 생명을 잉태하는 자연에서 배울 생각을 우리는 아직도 갖고 있지 않습니다. 이제 우리는 거리 두기로 서로를 냉정히 돌아보며 자연에 좀 더 깊은 입맞춤, 눈맞춤을 해야 하지만 아직도 대다수 예배는 탐욕의 난상판입니다. 주님, 죽어 다시 사는 부활에는 '죽어'에 방점이 있음을 깨닫게 하옵소서.

2020. 6. 14.(성령강림 후 둘째 주일, 총회선교주일)

요나서 4:1-11

• • •

주님께서는 "네가 화를 내는 것이 옳으냐?" 하고 책망하셨다(4절).

주님, 니느웨로 가라고 하셨지만, 다시스로 간 것은 요나만이 아닙니다. 우리도 악인이 회개하여 새사람이 되는 것보다는 그가 심판받는 것을 더 원합니다. 우리도 일본의 쓰나미 재앙에 고소해하고 미국의 폭동에 그것도 나라냐 하며 은근히 그들의 불행을 즐거워합니다. 니느웨로 가라는 주님의 명령에 우리 역시 요나처럼 정의의 투사인 양 분노합니다. 사실 하나님의 의가 아닌 나의 의인 것입니다.

사실 우리의 더 큰 착각은 하나님이 우리 편이라고 생각하는 것입니다. 자기 의를 하나님의 의로 정당화합니다. 교회에 다닌다는 이유만으로 이미 구원받은 하나님의 자녀라고 여깁니다. 남을 정죄하는 일에 익숙해져 있습니다. 그리고 그 남을 불쌍히 여기듯 부끄러움이 없이 당당하게 예수 믿어 구원받으라고 말합니다. 요나가 내 속에 있습니다. 누구나 요나를 몇 명씩은 데리고 삽니다. 다중인격입니다.

요나서 어디에도 그런 요나가 회개했다는 이야기는 나오지 않습니다. 정작 회개한 건 오히려 요나의 원수 니느웨였습니다. 주님,

그 요나가 바로 우리 자신입니다. 자기 의에 갇혀 사는 우리 자신입니다. 동·서와 남·북의 갈등에도 요나의 혐오와 증오가 가득합니다. 마치 정의인 양 말입니다. 주님, 6.15 남북공동선언 20주년입니다. 갈등과 반목은 사그라들 줄 모릅니다. 이 민족을 불쌍히 여겨 주사 내 속의 요나를 부끄럽게 성찰하게 하옵소서.

야곱이 말하였다. "아닙니다, 형님, 형님께서 저를 좋게 보시면, 제가 드리는 이 선물을 받아 주십시오. 형님께서 저를 이렇게 너그럽게 맞아 주시니, 형님의 얼굴을 뵙는 것이 하나님의 얼굴을 뵙는 듯합니다"(10절).

그는 원을 그려 나를 밖으로 밀어냈다
나에게 온갖 비난을 퍼부으면서
그러나 나에게는 사랑과 극복할 수 있는 지혜가 있었다.
나는 더 큰 원을 그려 그를 안으로 초대했다.
_에드윈 마크햄, 〈원〉에서

주님, 그 더 큰 원은 그리스도이십니다. 그리스도는 우리의 평화(엡 2:14)이시기 때문입니다. 우리는 남을 죽여 평화를 얻지만, 그는 자신을 죽여 우리에게 평화를 주었습니다. 전쟁은 죽이는 일임을 알고 있습니다. 남을 죽여 얻는 통일은 그저 획일적인 강요일 뿐입니다. 70년 전 우리의 전쟁이 그러했습니다. 북도 남도 그러했습니다. 현실은 남침이었지만 서로가 북침 남침을 원했습니다. 어떤 것도 얻지 못했습니다. 파괴와 죽음뿐이었고 지금까지도 증오만 증폭시켜왔습니다.

자신을 죽여 얻는 통일에는 평화가 있습니다. 다른 것을 기꺼이 용인하는 평화 통일입니다. 살림의 평화요 통일입니다. "원수된 것을 십자가로 소멸하셔서"(엡 2:16) 원수된 것, 증오는 십자가로 소멸됩니다. 그 십자가는 2,000년 전 예수가 아니라 오늘 예수로 부활한 나의 십자가입니다. 주님의 십자가가 멀리 있는 이방인들에게도 평화, 가까이 있는 유대인들에게도 평화를 전했듯이(엡 4:17) 예수로 부활한 우리가 멀리 있는 북의 동포들에게, 가까이 있는 남의 동포들에게 평화를 전합니다. 주님, 원하오니, 이 동방의 빛이 세계에 평화를 전하게 하옵소서.

주님, 밀어내는 원이 아니라 초대하는 원을 이루어 한반도에 평화를 주옵소서. 그러기 위해 우리 각자에게 마음의 평화를 방해하는 탐욕, 분노, 야망, 자랑, 질투를 각자의 십자가에 못 박게 하옵소서.

어떤 곳에 이르렀을 때에, 해가 저물었으므로, 거기에서 하룻밤을 지내게 되었다. 그는 돌 하나를 주워서 베개로 삼고, 거기에 누워서 자다가, 꿈을 꾸었다. 그가 보니, 땅에 층계가 있고, 그 꼭대기가 하늘에 닿아 있고, 하나님의 천사들이 그 층계를 오르락내리락 하고 있었다(11-12절).

子曰 性相近也 習相遠也 자왈 성상근야 습상원야

공자께서 말씀하셨다. "타고난 본성은 서로 비슷하지만, 습성에 따라 서로 멀어지게 된다"(『논어』「양화편」 2장).

주님, 우리의 본성은 원망입니다. 오늘도 제 입은 '아이고'와 '죽겠다'를 반복합니다. 제 본성입니다. 수도 없이 맞이하는 감사의 절기이지만 역시 예식처럼 반복할 뿐이고 지나갈 뿐입니다. 아직 습성에 젖어 배우려는 마음이 없습니다. 감사는 감정이거나 형식의 예법이 아니라 익힐 습習, 익히고 배우고 길러져야 할 품성임을 압니다. 그러나 그저 알 뿐이고 삶은 아닙니다. 어쩌다 남보다 잘되거나 어쩌다 남이 넘어질 때 내가 일어서 있으면 감사합니다. 때론 남의 불행이 나의 행복이 되는 것을 감사한다고 느끼고 말합니다. 여자가 아니라 남자인 것, 이방인이 아니라 유대인 것을 감사했던 바리새인의 감사를 제가 그대로 갖고 있습니다. 이 천박한 나를 이 시간 참회의 조명 아래 비춰봅니다.

비교하여 편한 것, 높은 것, 많은 것이 감사의 조건입니다. 불편한 것, 낮은 것, 적은 것은 원망의 조건입니다. 이 시간 이런 것에 잘못 익숙해져서 남에게 얼마나 큰 상처를 주었는지조차 모르고 지나왔던 내 모습을 봅니다. 미처 깨닫지 못한 감사, 낮아짐, 베풂, 다가섬, 껴안음의 감사를 깨닫게 하옵소서. 그리고 편하고 쉬웠던 곳이 아니라 힘들었던 그곳이 내가 일어설 수 있는 하나님의 전, 하늘나라임을 깨닫게 하옵소서.

> 너희 가운데서 아들이 빵을 달라고 하는데 돌을 줄 사람이 어디에 있으며, 생
> 선을 달라고 하는데 뱀을 줄 사람이 어디에 있겠느냐?(9-10절)

주님, 아직도 진실은 중요하지 않다는 것이 대세입니다. 먹고 사는 것이 우선이기에 밝혀야 할 불의는 돈 몇 푼에 매수되거나 힘에 감춰집니다. 잘 먹고 잘살기 위해서는 어느 정도 희생을 감수해야 한다며 그로 인한 수많은 희생을 당연하게 여깁니다. 계속되는 일용 노동자들의 희생을 보면서도 그 안전을 근본적으로 다루는 정치는 보이지 않습니다. 법안이 만들어져도 십수 년 창고에 쌓여 있습니다. 희생을 합법화하기 위해 만든 비정규 계약직도 없어서 얻을 수 없는 상황을 교묘히 만들어 갑니다. 주님, 뱀 같은 지혜로 더불어 함께 사는 하나님의 나라가 부정당하고 있고 하나님의 의가 짓밟힌다는 것을 목도합니다.

그러나 하나님의 나라가 가까이 왔다고 주님은 말씀하십니다. 바울은 그 하나님의 나라에 이방인을 받아들여 하나님의 나라를 확장시켰습니다. 그러나 그도 노예를 해방시키지는 못했습니다. 하긴 당시에는 장애인도 여자도 어린이도 나병 환자도 이방인도 성전 출입이 금지되어 있었으니까요. 아니 지금도 유리천장은 깨지지 않

았습니다. 차별은 여전합니다. 엘리베이터 없는 우리 교회 역시 차별의 한 부분을 고수하고 있습니다. 하나님의 나라는 모두의 나라입니다. 기득권을 내려놓고 내 것을 우리의 것으로 나누며 함께 가는 나라입니다.

성 소수자를 성서의 왜곡된 해석으로 정죄하고 차별하는 일부 보수 기독교의 목소리가 부끄럽습니다. 성 소수자들과도 더불어 함께 살아가는 것이 하나님의 나라가 확장입니다. 이미 유럽과 미국의 대다수 주가 그들을 불러들여 법적으로 평등의 권리를 부여했습니다. 그런데 우리나라 일부 기독교인들은 알려고도 배우려고도 하지 않고 무지와 비상식에 머물러 있습니다. 배움 없는 믿음의 한계를 엿보게 합니다. 생각하는 믿음, 배우는 믿음. 깨우치는 믿음이 없습니다. 믿으면 거기가 끝입니다. 끝없는 믿음의 과정을 인식하지 않습니다. 그 배움으로 하나님의 의가 넓어지고 깊어진다는 것을 모릅니다. 결국 그네들에게 믿음은 정해진 것입니다. 믿음은 교권에 의해 규정된 것입니다. 하나님의 나라와 하나님의 의가, 하나님의 통치가 아니라 교회 종교지도자들의 교권이고 교리이기 때문입니다.

주님, 오늘 하나님의 나라와 그의 의를 입으로만 고백하는 우리가 되지 않게 하옵소서. 그 어느 누구도 차별이 없는 하나님의 나라를 확장하고 하나님의 의를 넓혀가는 우리 산돌 교회가 되게 하옵소서.

2020. 8. 2.(성령강림 후 아홉째 주일)

마태복음 7:7-12

• • •

너희가 악해도 너희 자녀에게 좋은 것을 줄 줄 알거든, 하물며 하늘에 계신
너희 아버지께서, 구하는 사람에게 좋은 것을 주지 아니하시겠느냐?(11절)

주님, 부자의 거만한 이야기에는 진지한 귀를 기울이면서도 빈
자의 겸손한 말에는 귀를 닫아 버립니다. 높은 자의 명령에는 굽실
거리면서도 낮은 자의 간절한 부탁은 하찮게 여깁니다. 때론 이렇
듯 교회도 참 비굴하다 싶습니다. 하나님의 전지전능하심도 세상의
지식이요, 세상의 지위요, 세상의 소유일 때 하나님은 더 이상 하나
님이 아닙니다. 실은 만들어진 신, 실제는 우상이었고 헛것이었습
니다. 제 부르짖는 기도가 하나님을 향해 있기에는 저 자신도 낯뜨
거운 속물이 되어 가고 있습니다. 탐욕스럽고 뻔뻔한 빈말로 되풀
이하는 습관은 욕망을 기도로 정당화합니다. 기도는 더 이상 아름
답지 않습니다.

주님, 구하기 전에 내게 필요한 것이 무엇인지 아시는 하나님임
을 알면서도 끊임없이 기도로 자기 의를 주장하고 자기 욕망을 내
뱉는 제 입을 막아 주십시오. 어느덧 신앙인이 아니라 교회 속의 이
방 사람이 되어가고 있습니다. 교회에 와서도 이방 사람들처럼 욕
심만 중언부언할 뿐입니다. 언제 자기중심의 기도를 멈출지 끝도

없습니다. 구하라, 추구하라, 두드리라는 주님의 가르침의 진정한 목적어를 찾지 못한 채 열광주의에 빠져 말을 많이 하여야 하나님이 들어주시는 줄 압니다(마 6:7).

하나님의 나라와 하나님의 의는 더 이상 추구의 목적이 아닙니다. 그저 관념이며 미사여구일 뿐입니다. 특히 사람에 대해서는 대세에 굴종하여 사회적 약자가 떳떳하게 살도록 기도하지 않습니다. 교리와 교권에 압도되어 폭력을 당하는 소수의 사람을 위한 기도가 없습니다. 다수의 폭력만이 난무할 뿐입니다. 주님, 다른 이의 마음을 잘 살필 수 있도록 나를 성찰하는 기도, 남이 나에게 행하기를 바라는 바를 남에게 행하도록 나를 살피는 기도를 드리게 하옵소서.

2020. 8. 9.(성령강림 후 열째 주일, 평화통일주일)

누가복음 19:41-48

• • •

예수께서 예루살렘 가까이에 오셔서, 그 도성을 보시고 우시었다. 그리고 이렇게 말씀하셨다. "오늘 너도 평화에 이르게 하는 일을 알았더라면, 좋을 터인데! 그러나 지금 너는 그 일을 보지 못하는구나"(41-42절).

주님, 광복 75년이라지만 우리에겐 분단 75년입니다. 광복의 기쁨보다는 분단의 슬픔이 더 큽니다. 힘든 분단의 여정이었습니다. 그럼에도 우리 남과 북은 갈등과 반목, 증오의 끈으로 묶여 더 멀어져만 갑니다. 북이 남의 의료 지원을 기다리며 몇 달을 기다리다 결국 아무것도 받지 못한 채 돌아섰습니다. 유엔 경제 제재가 우리가 대는 핑계입니다. 그리고 북은 서로 긴밀히 연락하자는 공동 연락사무소를 폭파했습니다. 서로의 분노로 벽은 높아만 갑니다.

분단은 남이 그었는데 싸움은 우리가 하고 있습니다. 냉전의 대리전을 우리가 알아서 치르고 있습니다. 핵과 사드로 한반도를 전쟁의 위험 속으로 몰아가고 있습니다. 100년 전 그때처럼 대신 이 나라를 지켜 주겠다고 하면서 엄청난 특권을 요구해 옵니다. 전시 작전권도 우리에게 없습니다. 종전 협정도 평화협정도 우리가 행사할 수 없습니다. 여전히 강대국의 눈치를 보느라 힘겹습니다. 말처럼 우리 운명을 우리가 결정할 수 없습니다. 주체적인 독립국이 아닙니다. 슬프고 부끄럽고 후회스럽습니다.

오늘 다시 맞는 평화통일주일입니다. 언제나 우리 민족끼리 우리의 운명을 개선할 수 있겠습니까? 주님, 우리를 불쌍히 여겨 주시어 민족의 동실성과 형제애를 회복하여 평화와 통일의 길을 열게 하옵소서.

2020. 8. 16.(성령강림 후 열한째 주일)

로마서 5:1-9

• • •

이 희망은 우리를 실망시키지 않습니다. 하나님께서 우리에게 주신 성령을 통하여 그의 사랑을 우리 마음 속에 부어 주셨기 때문입니다(5절).

주님, 오늘 하나님을 믿는다는 우리들이 교회에 모였습니다. 요즘은 모이는 것도 조심스럽습니다. 초대교회 교인들은 열심을 다해 한마음으로 성전에 모여 예배하고 기도하며 집집이 돌아가며 음식을 나누었습니다. 그러나 모이기에 힘쓰라는 성서의 말씀은 지금은 옳지 않습니다. 주님, 시대의 제약을 받고 시대의 재해석을 요구받는 성서임을 알게 하옵소서. 믿음이 대세에 휩쓸리고 아집과 편견에 머무를 때 다른 사람들에게 큰 피해를 줄 수 있음을 잊지 않게 하옵소서.

지금은 거리를 두고 가급적 흩어져야 합니다. 이것이 타인을 위한 배려이고 끝내는 모두를 위한 거리두기요 흩어짐입니다. 누군가가 믿음이 약해서 흩어지고 믿음이 없어서 모이는 것을 두려워하며 믿음이 적어 거리두기를 하고 있다고 말합니다. 믿음이 좋으면 모이고 또 모여도 바이러스가 퍼지지 않는다는 것입니다. 믿음이 좋으면 공동식사를 해도 결코 코로나에 감염되지 않을 것이라고 합니다. 그래서 어제도 광화문에 그 많은 사람이 모였습니다. 대부분이 그리스도인이라고 합니다. 그게 믿음인 줄 압니다. 성서의 글자 그대로 모이기에 힘쓰는 것이 믿음인 줄 압니다. 모여 서로 음식을 나누고 먹고 마시는 것이 믿음인 줄 압니다. 모여 열광하는 게 신앙인 줄 아는 부끄러운 모습입니다.

지도자들의 죄가 얼마나 큰지 다시 한번 돌아봅니다. 무식한 도깨비는 부적도 몰라본다고 그저 모이는 크기로, 뜨거운 열기로 신앙을 평가합니다. 주님이 우리에게 주시는 말씀의 깨달음이 없이 그저 열광적인 흥분이 신앙의 척도입니다. 생각이 없습니다. 배우려고도 하지 않습니다. 맹목적 믿음으로 무지를 신봉합니다. 주님, 오늘의 환난을 묻습니다. 왜 우리가 불편하게 거리를 두며, 모임을 자제하며, 입에 마스크를 대며, 일상을 인내하며 살아야 하는지를 생각합니다. 그 인내는 생각하는 인내, 오늘을 이겨내는 인내입니다. 주님, 왜 코로나인지, 왜 긴 장마인지, 홍수인지를 생각하게 하옵소서. 주님, 그로 인해 배려할 줄 아는, 그래서 더 큰 피해를 줄이며, 서로의 생명을 존중할 줄 아는 사람됨의 인격을 쌓게 하옵소서.

2020. 8. 30.(성령강림 후 열셋째 주일)

전도서 11:4

•••

바람이 그치기를 기다리다가는, 씨를 뿌리지 못한다. 구름이 걷히기를 기다리다가는, 거두어들이지 못한다(전 11:4).

주님, 목숨 걸고 대면 예배를 드리겠다 비장한 결단에 이웃의 목숨은 내팽개쳐 있습니다. 환자의 건강과 생명을 최우선으로 생각하겠다는 히포크라테스 선서도 밥그릇 앞에서는 휴지 조각입니다. 법과 원칙에 따라 판결한다고 하지만 여전히 무전유죄, 유전무죄입니다. 저마다의 이익과 조직에 충성을 다하느라 사람됨을 잊었습니다. 그중에서도 우리 개신교 목사의 죄는 이미 임계점에 도달했습니다. 하나님의 형상인 양심의 가치를 버렸습니다. 이 모두가 생명과 영혼을 살리는 일임에도 오히려 생명과 영혼을 악마에게 넘겼습니다.

세상 사람들은 이제 교회와 거리두기에 들어갔습니다. 그런데도 우리는 아직 우리를 제대로 보지 못합니다. 성장주의에 눈이 멀어 나 자신을 보는 데 너무나 소홀했습니다. 사회적 영성은 사라지고 개인적 탐욕만 쌓여갑니다. 그저 세력이 크면 정통인 줄 압니다. 교회의 사유화, 세력화, 세습화, 대형화는 영성을 세속적 가치와 구별하지 못하게 했습니다. 성령이란 말은 이미 돈에 혈안이 된 것과 같은 말로 쓰입니다. 그래서 대세를 좇습니다. 성령 충만과 욕심 충만은 같은 말이 되고 말았습니다. 주님, 대세가 무엇이든 바람이 불든 말든, 구름이 걷히든 말든 바람 너머, 구름 너머 찬란히 빛나는 태양이 있음을 깨닫게 하옵소서. 지금 하나님의 의 앞에 선 나와 우리 교회를 성찰하게 하옵소서.

2020. 10. 11.(창조절 여섯째 주일)

마태복음 7:28-29

* * *

예수께서 이 말씀을 마치시니, 무리가 그의 가르침에 놀랐다. 예수께서는 그 들의 율법학자들과는 달리, 권위 있게 가르치셨기 때문이다(마 7:28-29).

"배는 항구에 있을 때 제일 안전하다. 그러나 배는 항구에 있으라고 만들어진 것은 아니다." 말이 그렇지만 많은 것이 갖춰져 있다면 안주하고 싶은 것이 인지상정입니다. 그러나 모든 것이 갖춰져 자기 영혼에 '여러 해 동안 쓸 많은 물건을 쌓아 두었으니, 너는 마음 놓고, 먹고 마시고 즐겨라'(눅 12:19)고 말하자 하나님은 묻습니다. '어리석은 사람아, 오늘밤에 네 영혼을 네게서 도로 찾을 것이다. 그러면 네가 장만한 것들이 누구의 것이 되겠느냐?'(눅 12:20)

행복은 누구의 것인가 하는 소유격에 있다고 여깁니다. 그의 재산, 그의 직위, 그의 가문, 그의 학력, 그의 소유, '그의'라는 소유격에 우리 인생이라는 배를 그 행복이라는 항구에 영원히 정박시키고 싶어 합니다. 그러나 배의 존재는 항구를 떠나는 데 있다는 것을, 배의 주격은 항해에 있다는 것을 모르고 살아갑니다. 자기를 위해서는 재물을 쌓아 두면서도 하나님께 대하여는 부요하지 못한 우리 인생이라고 주님은 질타하십니다. 소유의 함정에 빠져 존재의 가치, 그 주격을 잃어버리고 삽니다. '나의'라는 소유격에 빠져 세상 앞에는 자랑일지 모르지만, 하나님 앞에서는 부끄러움뿐입니다. 삶의 존재 가치는 오늘을 떠나 내일로 오르는 것임을 우리는 알지 못합니다.

주님은 오늘 우리를 산에 오르게 하십니다. 소유격의 산 아래에 안주하게 하시지 않고 주격 인생의 산마루마다 교훈을 주십니다. 그리고 정상까지 땀 흘리게 하십니다. 오늘 산 아래 일상의 삶을 중지하고 산 위에 왔습니다. 더 소중한 가치, 산상수훈에 머리 숙이고 다시 참 나의 산행을 계속하게 하옵소서. 그리고 나는 거룩한 산 어디까지 왔는지를 묻게 하옵소서.

2020. 10. 18.(창조절 일곱째 주일, 추수감사주일)

마가복음 8:1-9

•••

저 무리가 나와 함께 있은 지가 벌써 사흘이나 되었는데, 먹을 것이 없으니 가엾다. 내가 그들을 굶은 채로 집으로 돌려보내면, 길에서 쓰러질 것이다. 더구나 그 가운데는 먼 데서 온 사람들도 있다(2-3절).

세월호 참사의 진상 규명과 책임자 처벌 공소시효가 5개월이 채 남지 않았습니다. 세상의 기억은 거기까지일 뿐입니다. 씻김굿의 긴 무명천처럼 이승에서 저승으로 넘어가며 그 한은 겹겹이 쌓입니다. 아무것도 밝혀지지 않은 채 세월호의 진실 버스는 가을 스산한 들녘을 누빕니다. 시간이 지나면서 진실은 왜곡되고 피로감은 쌓입니다. 아직도 세월호냐며 귀찮은 기억 쪼가리에 연연하냐고 말하지만, 자식을 보낸 아비와 어미는 오늘 일어난 사건처럼 발을 동동거립니다. 지금도 잠을 자면 바다 위에서 허우적거리는 그들의 손짓에 새벽 정화수를 뜬다고 합니다.

추석날 기억만큼 낡아가는 세월호 배 앞에서 차례를 지내며 다짐해 보지만, 더 이상 감사의 날이 아니었습니다. 원망의 날이었습니다. 아니 분노마저 지친 날이었습니다. 주님, 이들에게 감사의 날이 오기를 온 마음을 긴장하여 기도합니다. 문득 박노해의 시에서 어머니의 절규를 듣습니다.

다른 사람들이 단속반에 끌려가 벌금을 물고

일거리를 못 얻어 힘없이 돌아설 때도,

민주화운동 하던 다른 어머니 아들딸들은

정권 교체가 돼서도 살아 돌아오지 못했어도

사형을 받고도 몸 성히 살아서 돌아온

불쌍하고 장한 내 새끼 내 새끼 하면서

나는 바보처럼 감사기도만 바치고 살아왔구나

나는 감사한 죄를 짓고 살아왔구나

새벽녘 팔순 어머니가 흐느끼신다

묵주를 손에 쥐고 흐느끼신다

감사한 죄

감사한 죄

아아 감사한 죄

_ 박노해, 〈감사한 죄〉

주님, 감사한 죄를 물으며 다시 주위를 살피고 역사를 살펴 더불어 함께 드리는 감사의 예배를 맞이하게 하옵소서.

2020. 11. 1.(창조절 아홉째 주일)

마가복음 8:1-9

• • •

> 그리하여 사람들이 배불리 먹었으며, 남은 부스러기를 주워 모으니, 일곱 광주리에 가득 찼다(8절).

　주님, 우린 스스로 지식이나 정보를 갖기 위해 노력하고 생각하기보다는 전문가나 권위자가 제공하는 정보를 일방적으로 쉽게 받아들이려 합니다. 아마도 우리 기독교인들이 그런 사람이 아닌가 싶습니다. 우리는 모르면서 이웃 종교를 폄하하고 다른 이념을 죄악시하며 차별하고 혐오합니다. 반이슬람, 반동성애, 반공 등은 우리 스스로의 노력 없이 성직자들로부터 일방적으로 받고 믿은 것들입니다.

　언제부터인가 생각하는 힘, 배우는 수고를 잃어버렸습니다. 그렇게 얻은 신앙은 검증 없이 공허한 외침이 되어 버렸습니다. 그런 것들이 자기 성찰 없이 교리화되어 얼마나 많은 사람을 고통으로 몰고 갔는지 모릅니다. 결국에는 생각 없는 맹목적 믿음의 신자만 만들었지 스스로 생각하고 행동하고 책임지는 제자가 되지 못했습니다. 사실 기독교인인 우리 자신이 타인의 고통을 만들어 온 사람들임을 고백합니다. 사실 기독교의 역사는 예수의 정신과는 반대로 강자에 빌붙어 끊임없이 소수의 약자를 괴롭혀 왔습니다. 우리의 동정과 연민 그리고 그토록 소중한 사랑 역시 우리가 스스로 울타리를 친 우리의 이웃에게만 있을 뿐입니다. 여전히 정죄와 심판, 증오만이 있을 뿐입니다.

또한 설령 타인의 고통을 향한 참회를 통해 죄책 고백을 한다 하더라도 이로 인해 생긴 연민조차 맹목적 믿음 아래 갇혀 조그만 압력에도 수그러듭니다. 나아가 우리는 믿기만 하지 실천하지 않습니다. 주님, 우리가 타인과 공유하는 이 세상에 인간의 사악함이 빚어낸 고통이 얼마나 많은지를 인정하고 자각하게 하옵소서. 나아가 맹목적인 믿음을 지우고 생각하는 믿음, 실천하는 믿음을 주옵소서.

2020. 11. 8.(창조절 열째 주일)

마가복음 8:1-9

• • •

예수께서 그들에게 물으셨다. "너희에게 빵이 몇 개나 있느냐?" 그들이 대답하였다. "일곱 개가 있습니다"(5절).

주님, 오늘도 주님의 부르심을 받았습니다. 그리고 주님은 우리에게 가르침의 빵을 쪼개고 떼어 주십니다. 우리는 믿음은 들음에서 난다(롬 10:17)는 사도 바울의 말을 거두절미해서 이해하기 때문에 듣는 것을 넘어 의에 이르도록 사는 것(10:10)을 생각하지 않습니다. 나아가 말씀이 삶이 되어야 비로소 그 말씀은 전해진다는 것을 생각하지 않습니다. 주님, 우리에게 듣는 귀, 전하는 입이 닫혀 있습니다. 마음의 귀로 들어 깨닫고, 살고자 할 때 비로소 삶의 입으로 전할 수 있음을 모릅니다. 언제나 귀만 즐거운 우리 믿음은 아닌가 모르겠습니다. 한쪽 귀로 듣기만 하고 얼마 안 가 다른 한쪽 귀로 흘리는 것이 습성이 된 우리 신앙은 아닌가 돌아봅니다. 말씀이 삶이 되지 않을 때, 신앙은 어느새 시시해져 갑니다. 삶이 되지 않는 말씀은 공허합니다. 어느 날 귀도 닫힙니다. 그러니 전하고 싶은 입도 열리지 않습니다. 신앙의 농아가 된 지 오래입니다.

오늘도 산돌의 제자들인 우리를 부르셨지만, 그저 우리뿐입니다. 그저 우리만의 리그입니다. 우리 다음 세대도 없고 우리 이웃도 없습니다. 우리 다음 세대에도 전하지 않았고 우리 이웃에게도 전하지 않았습니다. 우리 세대가 끝나면 우리 산돌도 끝이 아닌가 생각되기도 합니다. 더 이상 살아 있는 돌이 아니라 죽어가고 있는 돌일시도 모릅니다. 우리의 뜨거웠던 첫 마음, 이 교회를 세웠던 첫사랑, 신앙을 시작했던 첫 뜨거운 마음은 이제 우리만의 리그에 머물러 죽음의 때를 기다리고 있는지도 모릅니다.

주님, 우리를 가엾게 여겨 주옵소서. 의에 이르도록 마음에 믿고 구원에 이르도록 입으로 고백하는 참 신앙을 회복하게 하여 주옵소서. 오늘 주님은 우리를 부르시고 말씀을 주시오니 이 영의 양식을 떼어 쪼개고 나누어 마침내 일곱 바구니가 남는 부스러기의 가르침으로 주님의 나라를 열어 가게 하옵소서.

2020. 11. 29.(대림절 첫째 주일)

시편 37:7-11

• • •

노여움을 버려라. 격분을 가라앉혀라. 불평하지 말아라. 이런 것들은 오히려 악으로 기울어질 뿐이다(8절).

주님의 탄생을 기다리는 대림절이 시작되었습니다. 성탄을 기다린다는 것은 무엇을 의미하는지, 2,000년 전 먼 팔레스틴의 예수를 왜 기다리려야 하는지, 그가 무화과나무라는 것은 무엇을 의미하는지 그리고 어떻게 기다려야 하는지 우리의 질문은 쌓여갑니다. 이 질문 자체가 의심이고 불신앙이라고 여기지는 않는지 모르겠습니다. 내 안의 예수를 잉태하기까지 그 기다림을 묻고 성찰합니다. 내 신앙의 자궁에서 거룩한 성품으로 자라나야 할 내 안의 예수입니다. 그러나 우리의 예수는 여전히 우리 밖에 저 높은 곳에 있습니다. 우리의 신앙이 아직 쳐다보는 신앙입니다. 쳐다보며 우리의 소원을 말할 뿐입니다.

우리는 예배도 본다고 합니다. 아직 우리 신앙이 구경을 벗어나지 못했습니다. 그것도 쳐다보는 수준에 머무릅니다. 숭배의 차원입니다. 언제나 우리의 일방적인 구걸입니다. 내가 무엇을 할 것인지는 우리는 주님께 묻지 않습니다. 그가 나에게 무엇을 해 주기를 바라는 것뿐입니다. 나를 변화시키는 나의 성찰, 나의 개발은 없습니다. 우리를 주님 앞에서 성찰하는 고요를 잃은 지가 오래되었습니다. 제 욕심에 격동한 원망과 불평, 이에 따른 분노뿐입니다. 채우지 못한 분노입니다. 오르지 못한 분노입니다.

성작 분노해야 할 것에는 분노하지 못하고, 분노해서는 안 되는 것에 화풀이를 합니다. 결국 자기를 채우지 못하기에 분노로, 원망과 불평으로 자기 존재감을 드러냅니다. 정작 분노해야 할 때는 움츠립니다. 다스려야 할 분노는 다스리지 못합니다. 티끌 같은 불의에는 쉽게 분노하고 태산 같은 불의엔 침묵합니다. 사실 형통한 불의에 분노해도 어찌 보면 불의라고 분노한 것이 아니라 형통함에 분노한 것입니다. 말은 하지 않지만, 자신은 이루지 못한 것에 부러워합니다. 알고 보면 시기와 질투입니다.

분노가 미움을 쌓습니다. 모여서 남 흉보는 것이 즐겁습니다. 교회에 와서도 누구를 함께 미워하는 것을 즐겨합니다. 그것을 즐기는 게 바로 나였구나, 그동안 알지 못했습니다. 나는 언제나 저만치 빠져 있었습니다. 다 남 얘기라고 여겼습니다. 나라는 것을 아는 순간 부끄러운 내 모습을 봅니다. 주님을 기다리는 다시 맞는 주님의 대림절입니다. 주님처럼 사소한 분노를 내려놓고 정작 해야 할 거룩한 분노를 낼 줄 아는 성숙한 사람이 되어가는 기다림의 계절이 되게 하시어 아기 예수 잉태하는 은총을 베풀어 주옵소서.

2020. 12. 6.(대림절 둘째 주일)

히브리서 12:1-3

• • •

> 믿음의 창시자요 완성자이신 예수를 바라봅시다. 그는 자기 앞에 놓여 있는 기쁨을 내다보고서, 부끄러움을 마음에 두지 않으시고, 십자가를 참으셨습니다. 그리하여 그는 하나님의 보좌 오른쪽에 앉으셨습니다(2절).

주님, 참아야 할 것은 참지 않았고 참지 말아야 할 것은 참았습니다. 그래서 때로는 격분했고, 때로는 비굴했습니다. 주님의 십자가에 대해서는 불의한 자의 짓이라고 격분했습니다. 거기까지는 좋았습니다. 그러나 자기 십자가 앞에서는 어떻게든 피하려고 비굴했습니다. 주님의 십자가와 나의 십자가는 모순입니다. 십자가 앞에서 주님은 참으셨지만 우리는 참지 않았습니다. 우리에게 믿음을 보여준 믿음의 조상들은 한결같이 약속을 위해 모든 것을 참았습니다. 이 참음은 그들의 삶의 좌표입니다. 우리의 좌표는 안일함, 편리함, 쉬움입니다.

다시 기다림의 계절을 맞이하고 있습니다. 기다림은 소망이고 소망은 지나온 상처에서 만들어진 것임을 압니다. 상처 없는 소망은 없습니다. 그러나 우리는 상처 없이 소망이 쉽게 구체적으로 실현되기를 원하고 있습니다. 사실 소망이 아니라 욕망입니다. 봄의 새싹은 겨울을 기다립니다. 겨울의 상처들은 봄을 기다리는 인내입니다. 그러므로 겨울 들판은 결코 텅 비지 않았습니다. 결코 허망하지 않습니다. 봄에 대한 기다림으로 가득합니다. 그것은 모든 것을 내려놓았기 때문입니다. 꽃도 잎도 열매도 겨울 땅속에 뿌리로 돌아가 내면 깊은 곳에서 자신을 성찰하고 있습니다.

초겨울 시작한 대림절은 주님을 닮고 주님을 살고 주님이 되기 위해 주께서 참으신 그 참음을 본받아 기다림 끝에 아기 예수를 내 믿음의 자궁에 잉태하여 탄생하게 합니다. 그리고 같이 자랍니다. 주님의 현현과 사순절을 통해 주님의 고난과 죽음을 배워 인내하고 마침내 부활에 이릅니다. 그중에서도 겨울 기다림은 매운 추위와 모진 눈보라에 인내를 요구합니다. 그래도 마침내 "물러난 것은 나무가 아니었고 칼바람이었고 비굴하게 도망친 것은 숲이 아니라 겨울"(서재경, <겨울 묵시록>에서)이었습니다. 주님, 겨울을 이겨낸 뿌리 깊은 나무가 되기 위해 오늘 이 자리에 왔습니다. 참지 못해 얄팍해진 내 비굴한 지난 인생을 내어놓사오니 마침내 부활을 이룬 자기 십자가로 견디게 하옵소서.

요셉은 잠에서 깨어 일어나서, 주님의 천사가 말한 대로, 마리아를 아내로 맞
아들였다(24절).

주님, 성탄절은 매해 오고 있지만, 예수님이 오신 지는 까마득합니
다. 공허한 크리스마스입니다. 정말 우리가 주님 오시기를 바라
는지도 의심스럽습니다. 주님, 우리는 주님의 오심에 절실한가요?
아니면 습관처럼 이 절기만 되면 "주 예수여 오시옵소서!"라고 하는
걸까요? 사실 주님이 오신다면 두렵습니다. 차지도 않고 덥지도 않
은 우리의 신앙임을 잘 알고 있기 때문입니다. 한 발을 세상에 딛고
마지못해 체면치레처럼 다른 한 발을 교회에 딛고 있는 우리 모습
입니다. 목사와 교인이 서로 암묵적으로 동의하며 이런 가식과 위
선의 모습을 신앙인 양 여기며 살아갑니다.

그러다가 정작 희생을 치러야 할 때는 본 모습을 드러냅니다. 간
디가 지적한 국가가 망하는 일곱 가지 죄악 중 하나입니다. 희생 없
는 신앙입니다. 아무런 노력 없이 좋은 교회를 이루려고 합니다. 희
생은 원하지 않으면서도 세속의 온갖 복은 원합니다. 십자가를 바
라보면서도 십자가를 살지는 않습니다. 예수의 십자가로 구원받았
다고 하면서도 주님이 원하신 자기 십자가는 작동하지 않습니다.

그래도 양심에 거리낌이 없습니다. 나병 환자처럼 살이 썩어도 통증이 없습니다. 반신불수의 중풍병자처럼 알면서도 실천은 마비되어 있습니다.

다시 성탄 절기를 맞이하고 있지만, 주님은 오시지 않습니다. 나는 죽고 내 안의 예수가 일어나지 못하고 있습니다. 주님은 나로 오시고, 너로 오시고, 우리로 오시기 때문입니다. 나의 십자가, 너의 십자가, 우리의 십자가가 작동되지 않는 한 주님은 오시지 않습니다. 세월호를 보아도, 15시간 플랫폼 노동자를 보아도, 경쟁에 내몰려 자살하는 청소년을 보아도, 우울한 어린이를 보아도 한순간 연민만 느낄 뿐입니다. 타인의 고통을 대하는 우리의 익숙한 습관입니다. 그리고 우리의 뻔뻔한 반응입니다.

아기를 잉태한 한 여인이 오늘 우리에게 옵니다. 그 여인을 아내로 맞이하라고 한다면 우리는 그 여인을 아내로 맞이하겠습니까? 우리는 그 여인을 외면하고 법의 처벌을 받게 할 것입니다. 마침내 돌로 쳐 죽여 아기도 죽고 마침내 성탄은 없습니다. 주님, 오늘 마리아를 아내로 기꺼이 맞은 요셉을 생각하며 배웁니다. 의로운 요셉이 있기에 성탄이 있습니다. 요셉이 있기에 주님은 오십니다. 주님, 오늘 요셉의 의를 배워 우리의 성탄을 이루게 하옵소서.

2020. 12. 27.(성탄절 첫째 주일, 송년주일)

시편 90:1-17

• • •

산들이 생기기 전에, 땅과 세계가 생기기 전에, 영원부터 영원까지, 주님은 하나님이십니다. 주님께서는 사람을 티끌로 돌아가게 하시고 "죽을 인생들아, 돌아가거라" 하고 말씀하십니다(2-3절).

주님, 어느새 마지막 주일에 와 있습니다. 이젠 더 이상 새 시간에 대한 설렘도 없습니다. 그저 물리적 시간의 한 매듭일 뿐입니다. 새로워지기보다는 일상의 것에 익숙해지고 싶어 합니다. 같은 잘못도 되풀이하면 일상이 되어버립니다. 이 세상에서 제일 미운 사람이 있다면 바로 자기 자신임을 잘 압니다. 자신이 생각해도 안 변해도 정말 너무하다 할 정도로 안 변합니다. 평생이 나쁜 것으로 한결같습니다. 죄도 습관이 됩니다. 여전히 아집과 편견의 자기 의로 가득 차 있고, 나이의 속도보다 빠르게 깊어가는 시기와 질투로 남 잘되는 것에 사악한 흥분을 일으킵니다. 조금이라도 거룩해지고 싶어 교회를 다니지만 안 다니는 이웃이 더 거룩하게 보여 교회 얘기를 의도적으로 피하기도 합니다. 그나마 교회라도 다니기에 이만한 것이라고, 속으로 피식 웃습니다. 그래도 마지막 주일까지 주님은 말씀과 기도와 찬양으로 우리를 씻어 주십니다. 어쩌면 매주 씻겨 주시기에 이만이라도 하지 않았나 자위해 보기도 합니다.

우리가 새롭게 거듭나지 못하는 것은 과거를 팔아 오늘을 살기 때문입니다. 지난 과오로 어쩔 수 없었다는 것입니다. 그러니 현실이 미래를 잡아먹지 말라는 법이 있겠습니까? 현재는 과거를 핑계 대고 현재는 뻔한 미래입니다. 그렇기에 어느 시인은 이렇게 경고합니다.

미래를 말하며 과거를 묻어 버리거나

미래를 내세워

오늘 할 일을 흐리지 말 것

_ 박노해, 〈경계〉

주님, 다시 시인의 기도로 용서를 구하고 앞으로 가렵니다.

눈은 순결하게

마음은 맑게 지니도록

고독해도 빛나는 노력을

계속하게 해 주십시오

_ 이해인, 〈12월의 엽서〉에서

이제는 각자의 죄를 생각하며
침묵으로 참회의 기도를 드립니다.

용서의 선언

주님은 자비롭고, 은혜로우시며, 노하기를 더디하시며, 사랑이 그지없으시
다. 두고두고 꾸짖지 않으시며, 노를 끝없이 품지 않으신다. 우리 죄를, 지은
그대로 갚지 않으시고 우리 잘못을, 저지른 그대로 갚지 않으신다.
(시 103: 8-10)

이 말씀에 의지하여 우리의 죄가 용서받았음을 선언합니다.
이제 평화를 누리십시오. 아멘.